高等职业教育职业核心能力系列教材

高效学习方法与技巧

主　编　赖　艳
副主编　张　艳　尹李梅　王　争
　　　　朱晨慧　王志平

北京理工大学出版社
BEIJING INSTITUTE OF TECHNOLOGY PRESS

版权专有　侵权必究

图书在版编目（CIP）数据

高效学习方法与技巧/赖艳主编. —北京：北京理工大学出版社，2020.7
ISBN 978 – 7 – 5682 – 8669 – 5

Ⅰ.①高…　Ⅱ.①赖…　Ⅲ.①大学生 – 学习方法　Ⅳ.①G642.46

中国版本图书馆 CIP 数据核字（2020）第 116835 号

出版发行 / 北京理工大学出版社有限责任公司
社　　址 / 北京市海淀区中关村南大街 5 号
邮　　编 / 100081
电　　话 / （010）68914775（总编室）
　　　　　（010）82562903（教材售后服务热线）
　　　　　（010）68948351（其他图书服务热线）
网　　址 / http：//www.bitpress.com.cn
经　　销 / 全国各地新华书店
印　　刷 / 三河市天利华印刷装订有限公司
开　　本 / 787 毫米 × 1092 毫米　1/16
印　　张 / 13
字　　数 / 178 千字
版　　次 / 2020 年 7 月第 1 版　2020 年 7 月第 1 次印刷
定　　价 / 48.00 元

责任编辑 / 赵　磊
文案编辑 / 赵　磊
责任校对 / 周瑞红
责任印制 / 施胜娟

图书出现印装质量问题，请拨打售后服务热线，本社负责调换

丛书编委会

主　任：张进明

副主任：罗　瑜　马祥兴　徐　伟

委　员：（按姓氏拼音排列）

　　　　金春凤　赖　艳　李伟民　刘于辉　陆樱樱　马树燕
　　　　时　俊　施　萍　苏琼瑶　王慧颖　王闪闪　王霞成
　　　　徐　晨　杨美玲　殷耀文　俞　力　张庆华　张香芹
　　　　周少卿　朱克君

序

职业能力包括三个方面，即：职业特定能力、职业通用能力和职业核心能力。

职业特定能力是指从事某种具体的职业、工种或岗位，所需对应的技能要求，主要用于学生求职时所需的一技之长。职业通用能力是一组特征和属性相同或者相近的职业群（行业）所体现出来的共性技能，主要用于积淀学生在某一行业未来发展的潜力。职业核心能力是适用于各种岗位、职业、行业，在人的职业生涯乃至日常生活中都必须具备的基本能力，是伴随人终身成长的可持续发展能力，主要用于提升学生职业发展的迁移能力。

亚马逊贝索斯经常被问到一个问题："未来十年，会有什么样的变化？"但贝索斯很少被问到"未来十年，什么是不变的？"贝索斯认为第二个问题比第一个问题更重要，因为你需要将你的战略建立在不变的事物上。

随着知识经济时代的发展，职业结构也发生相应的变化，社会财富创造的动力正由依靠体力劳动向依靠体力和脑力劳动相结合的方向转变，随着生产技术的进步，处于职业结构金字塔底端的非技术工人和中间的半技术工人的比例将严重下降，而最受欢迎的将是具备多方面能力和广泛适应性的高素质技术人员。调查显示，企业最关注的学生素养因素排名前十位依次为：工作兴趣和积极性、责任心、职业道德、承担困难和努力工作、自我激励、诚实守信、主动、奉献、守法、创造性。这些核心素养比一般人所看重的专业技能更为重要，是一个企业长足发展的内在不竭动力。

因此，职业教育中必须有"核心素养"的一席之地，来帮助传递关键能力，如应对不确定性、适应性、创造力、对话、尊重、自信、情商、责任感和系统思维。

为此，昆山登云科技职业学院在广泛调研和借鉴国内外高职教育的经验基础上，在校级层面开设四类职业核心能力课程：专业能力类、方法能力类、社会能力类、生活能力类。

◆ 专业能力

1. 统计大数据与生活

在终极的分析中，一切知识都是历史；我们现在拥有的知识都是对过去发现的事物的归纳总结以及衍生；在抽象的意义下，一切科学都是数学：所有的知识都可以归纳为对数学的推理和运算。在大数据时代下，一切都离不开数据，而所有数据都离不开统计学，在统计学作用下，大数据才能发挥出巨大威力，具有实实在在的说服力。

2. 用 Python 玩转数据

数据蕴涵价值。大数据时代，选择合适的工具进行数据分析与数据挖掘显得尤为重要。Python 语言简洁、功能强大，使得各类人员都能快速学习与应用。同时，其开源性为解决实际问题和开发提供强大支持。Python 俘获了大批的粉丝，成为数据分析与挖掘领域首选工具。

3. 向阳而生，心花自开——大学生心理健康教育

保罗·瓦勒里说：心理学的目的是让我们对自以为了然于胸的事情，有截然不同的见解。拥有"心理学"这双眼睛，才能得到小至亲密关系、大到人生意义的终极答案。进入心理学的世界，让你看见自己，读懂他人，建立积极的社会关系，活出丰盈蓬勃的人生。

4. 审美：慧眼洞见美好

吴冠中说："现在的文盲不多了，但美盲很多。"木心说："没有审美力是绝症，知识也解救不了。"现在很多人缺乏的不是物质，也不是文化，而是审美。没有恰当的审美，生活暴露出最务实、最粗俗的一面，越来越追求实用化的背后，生活越来越无趣、越来越枯萎。审美力是对生活世界的深入感觉，俗话说：世界上不乏美的事物，只缺乏那双洞察一切美的眼睛。一个人审美水平的高低，在一定程度上决定了他竞争力水平，因为审美不仅代表着整体思维，也代表着细节思维。

◆ **方法能力**

5. 成为 Office 专家

学习 Office，学到的不只是 Office。职场办公，需要的不仅是技能，更需要解决问题的能力。会，只是基础；用，才是乐趣。成为 Office 专家，通过研究和解决所遇到的 Office 问题，体会协作成功之乐趣。

6. 信息素养：吾将上下而求索

会搜索是一种解决问题的能力。快速、便捷地搜索全网海量信息资源，最新、最好看的电影、爱豆视频任你选；学霸养成路上的"垫脚石"，论文、笔记、大纲、前人经验大放送；购物小技能，淘宝、京东不多花你一分钱；人脉搜索的凶猛大招，优秀校友、企业精英、电竞大神带你飞；还可以来一次说走就走的旅行，等等。让我们成为一名智慧信息的使用者。

7. Learning How to Learn 学会如何学习：从认知自我到高效学习

学会如何学习是终极生存技能。为什么学？学什么？如何学？一直是学习者关注的话题。掌握正确的学习方法，是改变学习效果的关键，也是改变人生的关键。只要找到了适合自己的学习方法，学习就会变得有意思，你也会变得更有自信，你的世界也会变得更加多元……

8. 思维力训练：用框架解决问题

你能解决多高难度的问题，决定了你值多少钱。思维能力强大的人，能够随时从众人当中脱颖而出，从而源源不断地为自己创造机会。这是一套教你如何用"思维框架"快速提升能力，有套路地解决问题的课程。

◆ 社会能力

9. 职场礼仪

我国素享"礼仪之邦"的美誉,礼仪文化源远流长、博大精深。"礼"表达的是敬人的美意,"仪"是这种美意的外显,礼仪乃是"律己之规"与"敬人之道"的和谐统一。礼仪是社交之门的"金钥匙",是人际交往的"润滑剂",是事业成功的"法宝"。不学礼,无以立。

10. 成功走向职场——大学生的24项修炼

通过技能示范、角色扮演、大组和小组讨论、教学游戏、个人总结等体验式教学法,帮助青年人加强个人能力,如沟通、自信、决策和目标设定;帮助青年人发现并分析自己关于一些人生常见话题的价值观;帮助青年人形成良好的自我与社会定位,能够用符合社会认知并且理性的方式解决问题和冲突;帮助青年人构建学以致用的职场技能,提高青年的学习生活与工作效率,让自己更加接近成功。

◆ 生活能力

11. 昆曲艺术

昆曲,又名昆山腔、昆剧,是"百戏之祖",属于"阳春白雪"的高雅艺术。昆曲诞生于元末江苏昆山千墩,盛行于明清年间,迄今已有600多年历史。昆曲是集文学、历史、音乐、舞蹈、美学等于一体的综合艺术。2001年,昆曲被联合国教科文组织授予"人类口述和非物质遗产代表作"称号。

12. 投资与理财

投资理财并不只能帮助我们达到某个财务目标,它还可以帮助我们建立一种未来感,让我们把目光放得更长远,实现人生目标。本课程通过介绍投资理财的基础理论知识来武装大脑,通过介绍常见的投资理财工具来铸就投资理财利器。"内服"+"外用",更好地弥补你和"钱"的鸿沟。

13. 大学生就业指导与创业

当你对自己的梦想产生怀疑时，生涯规划会为你点亮通往梦想的那盏明灯；当你带着梦想飞翔到陌生的职业世界，却不知如何选择职业时，科学的探索方法将成为你职业发展道路上的"魔杖"；当你在求职路上迷茫时，就业指导带给你一份新的求职心经，陪伴你在求职路上"升级打怪"；当你的目光投向创业却不知什么是创业、如何创业时，我们将为你递上一张创业名片。让我们沿着规划，一路向前，走上属于自己的职业发展之路。

14. 学生全程关怀手册

不论是课业疑惑、住宿问题、情感困扰、生活协助或就业压力，我们提供最周详的辅导、服务资讯，协助同学快速解决各类困难与疑惑。

丛书以成果导向为指导理念编写，力求将可迁移的通用能力分解为具体可操作实现的一个个阶段学习目标，相信在这些学习目标的引导下，学习者将构建形成适应当前社会经济发展需要的职业核心能力。

前 言

　　学会如何学习是终极生存技能。为什么学，学什么，怎么学，一直是学习者关注的话题。掌握正确的学习方法，是改变学习效果的关键，也是改变人生的关键。只要找到了适合自己的学习方法，学习就会变得有趣，你也会变得更有自信、更有毅力，你的世界也会变得更加多元。

　　学习好不只是靠天赋，而是有正确的学习方法。《高效学习方法与技巧》突出"学生是学习主体"的基本理念，突出"大学生为什么学、学什么、如何学"的内容框架，探求学习的意义、大学学习的特点，继而从实践出发介绍了思维的改变、记忆的增强、组块的构建、拖延的预防、笔记的记录、考试的应对、学习力的持续提升等内容，同时配有很多简单实用的学习技巧和具体案例。本书旨在引导大学生树立自主学习的观念，加强目标管理、时间管理、情绪管理，灵活运用学习的规律和学习策略，培养和提高学习的能力，以顺利完成大学学业，并为终身学习奠定良好的基础。

　　本书中的很多实用技巧读者可以即学即用，这些方法都可以帮助学习者改变思维，取得更大收获。

编　者

目　　录

第一章　开启学习之门 ... 1
- 第一节　为什么学习 ... 3
- 第二节　为什么学不好 ... 14
- 第三节　如何才能学好 ... 21

第二章　塑造你的大脑 ... 49
- 第一节　改变思维 ... 51
- 第二节　增强记忆 ... 58
- 第三节　搭建组块 ... 71

第三章　优化你的学习 ... 91
- 第一节　预防拖延 ... 92
- 第二节　有效记笔记 ... 102
- 第三节　从容应对考试 ... 113

第四章　释放无限潜力 ... 125
- 第一节　学会成长 ... 126
- 第二节　学用合一 ... 134
- 第三节　提升学习持续力 ... 146

附录 ... 164

参考文献 ... 189

第一章
开启学习之门

两份名单，哪份名单你认识的人多？

第一份：傅以渐、王式丹、刘春霖、林召堂、王云锦、刘子壮、刘福姚、陈沆、毕沅。

第二份：曹雪芹、顾炎武、黄宗羲、吴敬梓、蒲松龄、洪秀全、袁世凯、李渔、胡雪岩。

前者全是科举状元；后者全是落第秀才。

结论：一场考试决定不了什么，人生充满无限可能！

2006年，蒋多多受"读书无用论"的影响，成绩优异的她故意违规，反抗高考制度，最终文综科目被判零分；2008年，名动一时的高考"风云"人物徐孟南效仿蒋多多，在高考试卷上乱写一通，被判零分。他们觉得读书没用，读书太苦，可真正走入社会后才知道，读书才是最容易的那条路。蒋多多家境贫寒，高考结束后为了养活自己辗转各地，却发现连份像样的工作都找不到。十年过去了，这个当初对媒体喊着"我永远不后悔"的姑娘，在饱经沧桑后终于改口："我为自己感到悲哀，螳臂当车自不量力，"徐孟南高考后随着父亲外出打工，制作过广告灯箱，干过卫浴组装。在一次又一次被生活打磨中，小伙子幡然醒悟，告诫学弟学妹：千万不要学自己，一定要坚持读书。那些早期说读书无用的人，或许对于年少无知逃避学业的行为，早已后悔。他们用自己的教训告诉我们，不读书可能会失去更进一步的机会，失去更广阔的眼界，失去向上生长的力量，失去见识美好世界的门票，甚至输掉了自己的一生。当你还在抱怨读书无用的时候，那些成功的人已经付出双倍的努力，成为各自领域的佼佼者。

从之前的"读书无用论"盛行，到如今越来越多的人渴望考进名校，进入更高学府深造，其实我们越来越明白：学历不是目的，却是敲门砖；读书不是唯一，却是通往成功最快的途径；学历不代表能力，却终究可以反映能力；读书不是目的，却可以丰富你的人生。大学生活，我们得到的不仅是专业知识，更应该是具有普遍意义的、影响一生的一套完整的认知体系，以及随之而构建的世界观、价值观和人生观，这也是大学的价值和意义。

不奋斗，你的才华如何配上你的任性？

不奋斗，你的脚步如何赶上父母老去的速度？

不奋斗，世界那么大，你靠什么去看看？

一个人老去的时候，最痛苦的事情，不是失败，而是我本可以。

每个人心里都有一片海，自己不扬帆，没人帮你启航；

只有拼出来的成功，没有等出来的辉煌！

——致所有莘莘学子

（作者）

第一节　为什么学习

2019年，有两件事曾火爆一时。

一件事是，深圳龙华区年薪30万元招聘中小学老师，共吸引毕业于北京师范大学、北京大学、清华大学、西南大学、英国曼彻斯特大学等多所知名学府的约3.5万人应聘，入围体验者中76个人毕业于清华大学和北京大学（清华大学28人，北京大学48人），所有入围者中，近九成是研究生，博士有23人。如图1-1所示。

另一件事是，深圳市南山外国语学校（集团）高级中学（简称"南外高级中学"）公布的拟聘名单中，20人有19人毕业于清华大学、北京大学，且20人均为硕士研究生以上学历，如图1-2所示。

有人问过这样一个问题：读书的目的是什么？

有人给出的答案如下。

读书的目的无外乎有几种，第一，寻求知识；第二，为寻求技能；第三，满足好奇心；第四，出于情感的需要、情感的驱使；第五，为了寻求一种生命的意义、人生的意义，最高的、终极意义上的价值目标；第六，了解人该怎么样奋斗、向上。

那么，读书、学习的意义到底是什么？

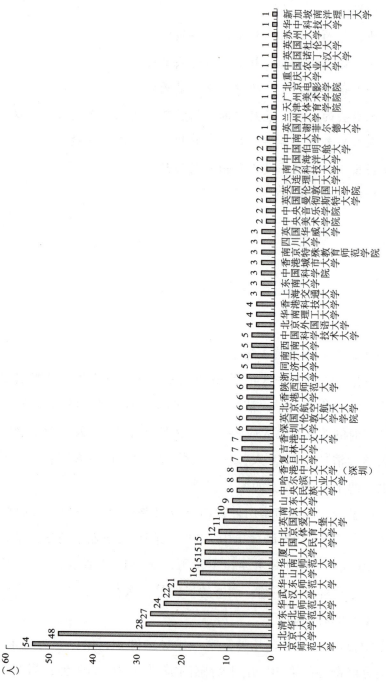

图1-1 龙华区教育系统2019年秋招入围体检人员院校人数统计图

第一章 开启学习之门

表 1-1 南外高级中学 2020 届毕业生拟聘名单

序号	姓名	毕业院校	荣誉奖项
1	祝××	清华本硕连读	中共党员，山东省优秀学生干部，清华大学人文学院学生会主席，院长奖学金得主
2	徐××	清华本硕连读	中共党员，以裸分考入清华，担任团支书、辅导员，荣获光华奖学金、社会工作奖学金
3	龚××	北大本硕连读	湖南长郡中学优秀毕业生，在北京大学中文系小麦文学奖创意写作比赛中获得银奖
4	郭××	清华本硕连读	在东北师大附中以裸分考入清华，获得学业优秀奖，在国际核心期刊发表学术文章两篇
5	许×	清华本硕连读	中共党员，在扬州中学时获得全国高中生数学和物理奥赛省一等奖、开发"趣味数学"课程
6	苏×	清华硕博连读	大连理工优秀本科毕业生，在 ENERGY 等核心期刊发表学术文章三篇，发明公开专利四项
7	郑××	北京大学硕士	中共党员，刘光鼎地球物理奖学金、李四光地学奖学金、美国大学生数学建模竞赛一等奖
8	王××	北京大学硕士	中共党员，推免考试全国第一，北大外语学院研究生会副主席，蝉联学业一等奖学金
9	刘××	清华本硕连读	获清华实验室贡献奖一等奖，在 SCI 期刊发表文章三篇，辅导学生考上清华大学等名校
10	侯×	北大本硕连续	中共党员，山东省三好学生，682 分考入北大物理系，研究生党支部书记，北大三好学生
11	郭××	北京大学硕士	人工智能独角兽联合创始人，高校辩论赛冠军，香港资讯及通讯科技奖（特首颁奖）
12	庞×	清华大学硕士	清华智能制造与精密加工学术委员，获国家奖学金，发表 SCI 论文四篇，发明专利两项
13	张×	清华本硕连读	全国数学联赛省一等奖，化学奥赛省一等奖，清华新东奖学金，永新杯技能大赛优秀奖
14	刘××	清华本硕连读	中共党员，清华优良毕业生、学业优秀奖、科技创新优秀奖、社会工作优秀奖
15	韩××	清华本硕连读	全国化学联赛冬令营银牌，全国大学化学实验邀请赛一等奖，清华化学系优秀学生干部

续表

序号	姓名	毕业院校	荣誉奖项
16	肖×	北大本硕连读	中共党员，680分考入北大，拔尖计划人才培养对象，理科一等奖、校长基金、硕士专项奖学金
17	周××	清华本硕连读	中共党员，清华大学社会工作优秀奖、院综合优秀一等奖，发明实用新型专用
18	杜××	清华本硕连读	中共党员，高考全省第7名考入清华，国家奖学金，社科学院学业优秀奖、优良毕业生
19	董××	北京大学硕士	中共党员，国家励志奖学金2次，优秀学习奖学金一等奖4次，思善奖学金
20	黄××	北师大本硕连读	中共党员，参编高中地理教材，组织全国地理奥赛，京师一等奖学金，多篇学术文章

一、学习的意义

学习，是指通过阅读、听讲、思考、研究、实践等途径获得知识和技能的过程。学习分为广义和狭义两种。广义来讲，学习是人在生活过程中，通过获得经验而产生的行为或行为潜能。狭义来讲，学习是通过阅读、听讲、研究、观察、理解、探索、实验、实践等手段获得知识和技能的过程，是一种使个体得到持续变化（知识和技能，方法与过程，情感和价值的改善和升华）的行为方式。例如，通过学校教育获得知识的过程。学习作为一种获取知识交流情感的方式，已经成为人们日常生活中不可缺少的一项重要内容，尤其是21世纪，自主学习已成为人们不断满足自身需要、充实原有知识结构，获取有价值信息，并最终取得成功的法宝。

1. 学习有助于提高人们学习的自觉性和主动性

现实生活中，有的学习者认为学习既然是获取知识的过程，那么就把自己的大脑当作白板、当作筐，单纯地依靠他人往上贴、往里装。其结果是装进去的知识是杂乱无章地堆积在一起的，真正用到这个知识的时候却调不出来。造成这种状况的重要原因就是把学习看成了一个单向过程，没有真正发挥大脑的思维技能。体育比赛中教练员经常对运动员说，要用脑子打球、用脑子踢球。学习本身就是用脑的过程，而许多学习者却不愿意动脑，这种状况也是造成学习效率低下的重要原因。

学习活动不是独立于人类实践活动之外的，而只是实践活动中相对独立的，以自觉改造自我、发展自身为主要内容的活动过程，是使人在同外部世界的改造关系中成为主体并不断提高自由程度和主体性的过程。学习活动是实践活动中的基本内容之一，是不可缺少的主要组成部分。社会越发展，人类的学习活动就越重要。但在现实生活中，有些人虽然也在学习，但其是迫于社会、家庭和他人的种种压力而学习，把学习当作一种谋取私利和个人地位的活动，学习仅仅是为了一张文凭。还有些人仅仅把学习看作学校学生的事情，离开学校之后，学不学完全是个人自愿的事情。学习绝不是人的一生中某个阶段的任务，而应贯穿人的一生。在学校中需要学习，离开学校也需要学习。外部世界发展无止境，人自身的学习活动也无止境。尤其是在今天这个知识经济和科学技术飞速发展的时代，树立终身学习观念更为重要。

2. 学习有助于人们认识自身素质、提高能力和增强主体性

知乎上有一个很热门的问题：我读了很多书，但是后来大部分都忘记了，那么读书的意义到底是什么？

获得点赞最多的答案是这样写的：当我还是个孩子的时候，我吃了很多食物，大部分已经一去不复返并且被我忘掉了。但是我可以肯定的是，它们中的一部分已经长成了我的骨头和血肉。我想，读书对一个人的思想改变也是如此。曾有人说，你看过的书、走过的路，从来都不会消失，而是藏在你的气质里，会伴随你一生。而读书的意义，大概也基于此。

学习最直接或者说最终的目的（就自身而言）就是使自己成为主体并不断增强主体性。人的基本素质和能力的提高、发展就是主体性增强的具体表现。学习过程包括两个基本阶段：一是获取知识、经验的过程，二是将知识、经验内化为自身素质和能力的过程。或者说，学习的全过程存在着两个基本问题：一是不知与知的矛盾，二是知识向素质、能力转化的过程。这两个问题有内在联系但又有区别，二者不能相互取代。把学习单纯理解为获取、积累知识与经验的过程是不全面的。能力比技能概念丰富得多，学习不仅仅是专业技能的提高，更是人的全面素质、能力的提高。学习的优劣既与获取知识的多少、深刻程度以及知识结构的合理性有关系，更与知识向素质、能力内化的多少、快慢有关系。

3. 学习有助于人们认识学习的全过程

林语堂曾说：读书学习不仅能够让我们掌握一定的专业技能，更重要的是，能从其中看到解决各种各样的人生问题的方向。人终其一生，就是在不断探知自己的人生到底有什么样的意义。

一些学习者只是把学习理解为获取知识或技能的过程。在这种观念支配下，认为学习就是死记硬背的过程，学习的好坏程度只是单纯地与对知识的记忆多少有关系。这显然是一种肤浅的、片面性的认识。如果一个人背诵了再多的知识，甚至头脑是一个"活辞典"，但就是不会运用这些知识分析和解决实际问题，这样的学习是没有任何意义的。学习的全过程不仅仅是"从不知到知"的过程，学习的侧重点也不仅仅是放在如何"记"知识、"知"知识上。每一个学习者，特别是在校大学生，更要在知识的理解、消化、内化上下功夫。

学习是一个获取知识的过程，同时也是把知识内化为素质和能力的过程，二者既有区别又有联系，不能相互替代，也不能相互混淆。完成这两个过程，学习才是一个相对独立的、完整的过程。固然完成第二个过程比第一个过程更为困难和艰巨，但必须完成，它比第一个过程更为重要。只有完成第二个过程，人的素质、能力得到提高，学习者才能得到真正的发展。以这种观念指导学习，就要求学习者既重视获取知识的过程，更要重视知识内化为自身素质、能力的过程。学习既要解决从不知到知的过程，又要解决从知识到素质和能力的转化过程。在学校读书所谓"打基础"，其实指的是打学习的能力基础，而不是知识的基础。在学校里，通过学习来努力提高学习能力，将来到社会上利用这个能力，才能适应社会，创造新价值。

4. 学习有助于认识学习的多种途径、形式和方法

德国哲学家雅斯贝尔斯曾说：大学应始终贯穿这一思想观念，即大

学生应是独立自主、把握自己命运的人。他们有选择地去听课，聆听不同的看法、事实和建议，为的是自己将来去检验和决定。真正的大学生能主动地为自己定下学习目标、善于开动脑筋，并且知道工作意味着什么。

正如人们常说的"学以致用"，学习是通过多种途径、形式获取知识并转化为能力的过程，实际上学习不仅仅要从书本上获取知识，更重要的是还要从生活中、实践中获取知识，同时把知识转化为素质和能力。人类可以通过语言、文字等符号，借助书本、音频、视频等媒介，依靠大脑继承前人或他人的认识成果。每个学习者在同外部世界的直接接触中，在运用书本知识对自然和社会现象的观察中，在改造外部世界的过程中，获取大量新的前人或他人实践中没有获得的知识，从而推动科学和人类知识总量的发展，这也是学习的基本途径和形式，而且是根本的途径。学习的这两种基本途径和形式是一个完整的系统，它们相辅相成，缺一不可。特别是在知识内化为自身素质和能力的过程中，没有二者之间的内在结合，就不可能完成这种转化。

总之，学习是人们在实践中自觉地、不断地通过多种途径、手段、方法获取知识并内化为自身素质和能力的自我改造、发展、提高和完善的过程，是人成为主体并不断增强主体性的过程。学历不能跟着人一生，文凭也代表不了能力。但是，有些机会在某些时候，只留给拿着这张"通行证"的人，因为，在一定程度上，它代表人努力奋斗、坚持不懈的过去。读书，是成功最快的路，但读书并不仅仅是为了得到某种利益。读书的真正意义，是可以让你看到更广阔的世界、体会不一样的人生。

正如龙应台在《亲爱的安德烈》中给儿子的一封信中写道：孩子，我要求你读书用功，不是因为我要你跟别人比成绩，而是因为，我希望你将来会拥有选择的权利，选择有意义、有时间的工作，而不是被迫谋生。当你的工作在你心中有意义，你就有成就感。当你的工作给你时间，不剥夺你的生活，你就有尊严。成就感和尊严，会给你快乐！

二、大学学习的特点

大学之"大",不仅是指大楼、大师,也是指大学问和大责任;大学之"学",不仅是指学问、学术,也是指学做人、学方法。大学很重要的事情是学会学习,而了解高中学习与大学学习的差异,懂得大学学习的特点,是学会学习的一条重要途径。

1. 高中解决的问题是单一的,大学解决的问题是多样的

高中解决的主要问题就是如何考上理想大学。在高中阶段,只要学习成绩好、考上大学就算"跑到终点"。而大学教育要解决的问题具有多样性。迈入大学校园,面临的是一个全新的学习环境,既要学专业知识,也要学专业外的知识;既要学理论知识,也要学实践操作;既要学做事,也要学做人。

大学教育要求每位大学生找到自己的职业方向,并据此学好自己的专业知识。大家在填报高考志愿的时候,就已经初步规划了未来的职业方向,因而在大学阶段首先应该围绕相应的职业方向学习基础知识和专业知识,培养自己对于专业的热爱,形成对该学科知识的浓厚学习兴趣。大学里课程知识是由基础课、专业基础课和专业课核心组成的,循序渐进,一环扣一环,前面任何一环没有学好,都会影响到后面课程的学习。

大学里还要通过课程学习与课外实践不断摸索,正确认知自我,了解自身的特点与长处,探索自己今后可能发展的职业方向。

2. 学习成绩是评价高中阶段的重要标准;大学的评价标准是多元的

在高中,学习成绩是评价一个学生的重要标准。进入大学后,特别是在重点大学,人才济济,高中的学习领先优势没有了,同学们又在一个新的起跑线上竞争。有的在社会实践上特别优秀,有的在文体方面特别优秀,有的动手能力强,有的理论知识强,不能以单一标准来判断孰优孰劣。在激烈的竞争中,同学们原有的优势被弱化,具有的只是相对优势。

由于评价标准多元化,大家可以根据自己的优势、专业特点、爱好

或者今后期望的职业方向来规划自己的大学学习。一方面，可以合理利用自由支配的时间，在这些独立的学习时间内，阅读各种参考书和文献资料，扩大并补充课堂知识；或选听自己喜爱的专业选修课，深化自己的专业知识层次，拓展知识领域；或者根据自己的兴趣、需要、特长选择学校开设的公共选修课，丰富自己的多维知识。另一方面，可以借助校园活动、院系活动、暑期实践、企业实习的机会，提高自己对于知识的运用能力，增加对于真实职场的了解与接触，通过实践来更好地指导学习。多元化的评价标准可以给学生很多自我发挥的空间，不拘泥于成绩的高低，有利于多角度审视自我，促进个性的发展。

3. 高中学习是被动的，大学学习安排应该是主动的

高中学习总体上来说是被动的，学生基本上是围绕老师的安排，在老师的教育、监督下按部就班地学习；而大学则要求同学们主动地进行学习，要"读万卷书，行万里路"，把理论与现实相结合，不断地提高自己分析问题和解决问题的能力。没有主动的学习精神，要想在学业上取得好的成绩是不可能的。

课堂学习依然是大学生学习的重要途径，但已经不是学习的唯一方式。大学生的学习以自学为主，以课堂为辅。大学课堂上，老师大都只讲重点，这就要求大学生养成良好的学习习惯，做到提前预习。通过预习，发现课程重点和难点，了解课程的内在联系，掌握听课的主动权。通过大学学习，大学生应该逐步学会不需要老师也能获得知识、更新知识的本领。高校教师的教育方法以引导为主，不再是单向灌输的形式。大学学习充分体现出学生学习的主动性、积极性和自觉性，大学的学习一定要改变往日应试教育的学习方式，课外阅读、同学讨论、参与实践、听各种学术报告和讲座、利用网络等，并不断探索和总结适合自己的有效的学习方法，而且这些对于锻炼实践能力与社交能力同样是非常重要的，将会是未来走向社会、获得职业成功的基础。

4. 高中学习主要是知识的接纳，大学学习具有研究与探索的性质

高中的学习主要围绕高考这根"指挥棒"，属于知识点的单方面传递，学生所要做的仅仅是将老师传授的知识进行接纳，变成自己了解与

记忆的知识点,很少涉及对于所接受知识的质疑或者再研究。

大学的学习具有研究和探索的性质,不仅表现在需要完成学科作业和毕业论文或毕业设计上,还表现在所学课程的内容上。大学生的学习不单是掌握知识,而且要掌握学科知识的形成过程、专业知识的实际运用,交叉学科存在的问题以及解决问题的可能性。并且可以对书本上或老师教导的知识提出质疑,表达自己的不同观点,在专业的领域内验证观点的科学性与正确性,不盲从权威,敢于挑战真理。

5. **高中生活是以家庭生活为主,大学生活是以集体生活为主**

上高中的时候,大部分同学住在家里,即使是住校的同学,每周或每月也能回家,会从父母那里得到更多的关爱,生活上的琐事不用太操心,人际交流沟通能力显得不太重要。而进入大学后,远离父母,过着集体生活,一切问题都要依靠自己。与同学、与朋友的人际关系,直接影响到日常生活情绪,所以,人际沟通能力的锻炼就显得尤为重要。

大学阶段是一个人成为专门人才、锻炼自身职业化素质的关键阶段,主要的学习活动都是围绕这一特点展开的,因而需要了解自身的特点与自我期望行业与职位对人才的具体要求,以此为目标规划大学的专业学习与实践。同时,大学生还要生活在群体中,学会与人相处,广泛涉猎各方面的知识,将书本知识内化成自身的素质,再由内而外,运用所学的科学方法将职业化素质外化为解决问题和处理问题的实践行为,上升为能力。进入大学,一旦学习目的明确,学习动力就非常充足,就更能科学有效地规划自己的大学生涯。

总之,大学的时光是人生中最美好的时光。从踏进大学校门的第一天开始,我们就必须从被动转向主动,积极地去管理自己的学业和将来的事业,成为自己未来的主人。

在大学时,学习以下10点尤为重要。

1)做好自己的职业规划,找到未来努力的方向。
2)掌握为人处世的学问。
3)学会学习,坚持学习。
4)做志愿活动,奉献互助。

5）参加社团或学生会，提高综合素质。

6）结交志同道合的朋友，与老师多交流沟通。

7）学好英语。

8）学会宽容，求同存异。

9）去实习、兼职、锻炼自己的实践能力。

10）锻炼身体，全面发展。

思考题

1. 上大学的意义是（　　）。

   A. 发现自我价值　　　　　　B. 有社会地位

   C. 获得终身学习能力　　　　D. 获得高薪工作

2. 大学与中学的不同之处有（　　）。

   A. 新的学术标准　　　　　　B. 可以没有课堂教学

   C. 广泛的学科领域　　　　　D. 完全的自主学习

3. 如何实现从中学到大学的转变的方式有（　　）。

   A. 利用大学的设施资源

   B. 认可自己的感觉，花时间改变

   C. 把大学看成与中学一样

   D. 减少未知

4. 大学为你提供了（　　）。

   A. 接触人类文化的精华　　　B. 思考人生的时间

   C. 发现并发展自己兴趣　　　D. 拥有更多时间自由安排

5. 大学与中学在学术标准上存在不同，体现在（　　）方面。

   A. 大学不只是用考试成绩评价学习，学习成绩是综合评定的，包括作业、实验、项目、课堂参与等

   B. 大学老师讲授的内容不一定简单易懂，需要大量的课外阅读，才能很好地理解和掌握所学的内容

   C. 对知识不只是记忆和理解，还需要应用、分析、评价，需要运用知识解决实际问题

   D. 大学考试比中学少，但评分更严格

参考答案：

（1）AC　　（2）ACD　　（3）ABD　　（4）ABC

（5）ACD

该你试试了

设定合理目标

在新的一周开始前，写下自己的周目标。之后每天，基于周目标，写出 5~10 个小而合理的日目标。完成一项就划掉，享受划掉达成项的喜悦。如果有必要，可以把一定的任务量分解成三个任务，写到"迷你任务清单"里，这样可以帮你保持动力。

要记住，你使命的一部分就是要在合理的时间内完成每日任务，这样你的闲暇时光才不会笼罩着愧疚感。你养成的新习惯也会为你的生活增添乐趣。

你可以把纸张或笔记本或黑板或白板摆在门口，你觉得哪种方法最好用就用哪种，这是你开始行动的第一步。

（资料来源：[美] 芭芭拉·奥克利《学习之道》）

第二节　为什么学不好

2019 年 6 月 18 日，河北体育学院在官网上发布了对 40 名因长期旷课且未办理任何手续或休学期满未返校办理复学或退学申请的学生做退学处理的公告，如图 1-3 所示。

这样的事在这几年屡见不鲜：清华大学劝退了马克思主义学院两名博士生；华中科技大学多名本科生学业表现太差，被降为专科生；合肥工业大学一次性清退了 46 名硕士研究生……

在 2019 年 10 月 31 日教育部举办的新闻通气会上，教育部高等教育司司长吴岩表示："现在有的学生不对自己负责，不对家长负责，不对社会负责，他就应该付出自己应有的代价。要让一部分学生天天打游戏、天天睡大觉、谈恋爱这样的日子一去不复返。"

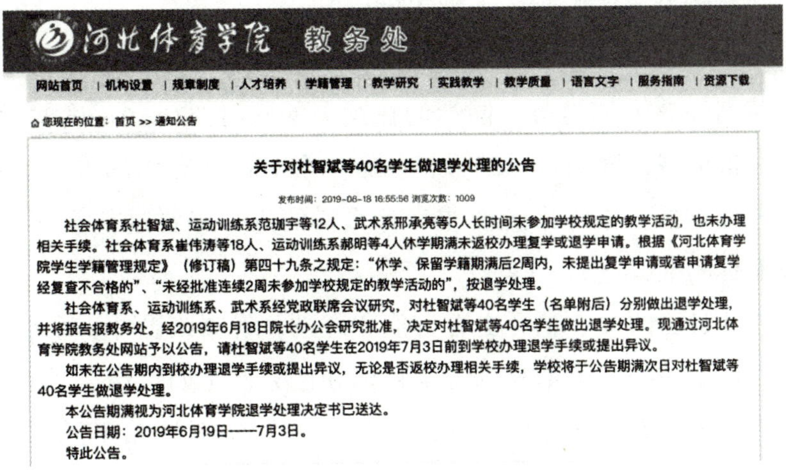

河北体育学院 教务处

网站首页 | 机构设置 | 规章制度 | 人才培养 | 学籍管理 | 教学研究 | 实践教学 | 教学质量 | 语言文字 | 服务指南 | 资源下载

您现在的位置：首页 >> 通知公告

关于对杜智斌等40名学生做退学处理的公告

发布时间：2019-06-18 16:55:56 浏览次数：1009

社会体育系杜智斌、运动训练系范珈宇等12人、武术系邢承亮等5人长时间未参加学校规定的教学活动，也未办理相关手续。社会体育系崔伟涛等18人、运动训练系郝明等4人休学期满未返校办理复学或退学申请。根据《河北体育学院学生学籍管理规定》（修订稿）第四十九条之规定："休学、保留学籍期满后2周内，未提出复学申请或者申请复学经复查不合格的"、"未经批准连续2周未参加学校规定的教学活动的"，按退学处理。

社会体育系、运动训练系、武术系经党政联席会议研究，对杜智斌等40名学生（名单附后）分别做出退学处理，并将报告报教务处。经2019年6月18日院长办公会研究批准，决定对杜智斌等40名学生做出退学处理。现通过河北体育学院教务处网站予以公告，请杜智斌等40名学生在2019年7月3日前到学校办理退学手续或提出异议。

如未在公告期内到校办理退学手续或提出异议，无论是否返校办理相关手续，学校将于公告期满次日对杜智斌等40名学生做退学处理。

本公告期满视为河北体育学院退学处理决定书已送达。

公告日期：2019年6月19日——7月3日。

特此公告。

图 1－2 河北体育学院劝退公告

大学生常见的学习困扰可分为以下四种。

一、没动力，不想学

1）高考发挥失常，没考上理想学校，心理落差很大，没有动力学习。

2）对所学专业不满意，不想学。

3）没有明确目标，不知道为什么而学习。

4）对未来就业前景感觉迷茫，觉得学习没有用，学不学无所谓。

"凡事预则立，不预则废。"学习计划是实现学习目标的保证，但有些学生对自己的学习毫无计划，整天忙于被动应付作业和考试，缺乏主动的安排。因此，看什么、做什么、学什么都毫无头绪。他们总是考虑"老师要我做什么"而不是"我要做什么"。无论是学习还是做其他事情，目标和动力这两个因素是必须具备的，有了目标，便有了明确的方向；有了动力，便有了前进的力量。反之，如果没有明确的目标和动力，整个人都像是无头苍蝇一样漫无目的，东碰西撞。人们总说学历不代表能力，学历根本就只是一张薄纸，然而他们不知道的是：学历的背后，是素养、是能力、是视野、是不同的认知层次。

　　学习是为了什么、怎样才能学以致用，是每个人都需要思考的问题。学校是读书和育人的地方，同学们在读书的同时要树立正确的世界观、人生观、价值观，健全自己的人格，做一个对社会有用的人。专业无好坏，学校无高低。你将来想要成为什么样的人，想要过什么样的生活，大学就是你的准备室。

　　要想让自己的大学生涯更有价值和意义，就应该设计一个清晰的职业规划，设定一些大学期间的基本目标和任务，比如，什么时间考英语等级证书，该掌握什么专业技能，要拿到什么资格证书，等等。定下目标之后就快速开始、缓慢结束，逐步去落实、完成。做一个长期计划，再每个月定一个短期计划，每日反省。

二、无毅力，不爱学

　　1）在大学里，没有了老师和家长的催促，自我监督和管理能力差的学生发现自主学习难以坚持，甚至沉迷于游戏，虚度光阴。

　　2）经过高考的煎熬之后，不愿意再辛苦学习，得过且过，"及格"万岁。

　　3）在大学里，除了学习之外还有很多活动，如社团活动、兼职赚钱等，一些学生容易被学习之外的事吸引，难以专心学习。

　　很多同学认为世界很大，读书并不是获得成功的唯一道路。可是越来越多的现实告诉我们，这个社会从来都不缺廉价劳动力，没有知识、没有学历，成功几乎等于痴人说梦。如今，现代社会越来越丰富的电子产品带来了纷繁复杂的信息，让我们再也不能足够专心地巩固学到的内容。更糟糕的是，此等程度的散乱心绪若再继续下去，将会削弱我们的学习能力。掌握和运用科学的学习方法时，需要一定的自制力。特别是纠正一些不良的、已经形成习惯的学习方法，更需要毅力和恒心。有的学生有掌握科学方法的愿望，但在运用过程中因意志薄弱而半途而废，造成有目标无结果、有计划无行动。在学习上跟着感觉走，自然要省力得多，但学习效果也会糟糕得多。因此，学生在运用科学学习方法的过程中，也需要教师、家长或同学多鼓励、多督促、多提醒，依靠外界力量的支持。

大学为学生提供了广阔的空间、自由的时间、多元的选择，更注重对知识的探究和创新能力的培养，这就需要学生具有高度的自主性，自主选择学习内容，支配学习时间。科技的迅猛发展推动知识的不断更新，大学生在校学习到的知识和技能可能远不能达到职业要求，有些知识在毕业时可能就已淘汰，这就需要大学生不断地从社会这个大学中汲取知识。只有具有自主学习能力的人，才能养成终身学习的习惯，在岗位上不断更新自我、提升自我，更好地适应社会发展的需要。

三、不得法，不会学

1）无法摆脱高中的学习方式，不习惯大学的学习特点，虽然很努力，但效果不好。

2）平时课程太多，不会分配时间，焦头烂额，却哪门课都学不好。

3）不讲究学习方法，长时间对着单调乏味的学习内容死记硬背，对学习逐渐失去兴趣。

4）平时学习不抓紧，临考前通宵达旦、废寝忘食，造成身体机能混乱，学习效率下降。

很多同学，经过高中紧张有目的性的学习，到了大学反而不知道该怎么学习了。大学不像高中一样有目的性地学习，也不像高中那般以分数为重心来展示学习成果。尤其在自学一些专业书时，大学生往往不能深入了解专业的性质，不能掌握该专业的特点，把握不准学习方法，生搬硬套原先的学习方法，当学习内容没有条理，或学生不愿意花时间去分析学习内容的条理和意义时，学生往往会采用死记硬背的方法。死记硬背、不加思索地重复，直到大脑中留下印象为止。不理解，不讲究记忆方法和技巧，是最低形式的学习。它常常使记忆内容相互混淆，而且不能长久记忆，最终造成学习不得要领、学习效率较低的状态。

科学测试证明，95%的人智商介乎70至130的范围，只有2.5%的人智商低于70。因此，智力绝不是成绩的决定因素，关键还是在于学习方法。"差生"绝大多数差在方法不当上。不同的学习阶段、学习环节需要不同的学习方法，不同的学科、不同的知识类型也需要不同的学习方法。掌握好方法比努力更重要。对于所有同学而言，课堂学习的时间是共有的，书本上的知识内容是相同的，要实现超越，仅仅把握住这段时间和水准是远远不够的，必须掌握科学、实用、高效的学习方法，只有这样才能超越他人，走在前列。

学习方法除了要适应学习特点外，还要适应个体特征。如果学生对自身的状况和条件认识不足的话，则很可能造成方法不当，因为正确的方法首先是适合自己的方法。对自身认识不足主要包括两个方面：一是对自己目前的学习状况没有客观、清醒的认识；二是对自己的个性特征认识不清。学生如果对自己的个性特征认识不清，在学习方法上就很有可能盲目模仿别人，导致身心俱疲。所以，认识自己是掌握科学学习方法的前提。学习好不是靠天赋，而是有正确的方法。不管你想要做什么，或成为什么样的人，只有掌握了学习能力，你才能参与竞争，才不会落伍出局。

四、压力大，学不好

1）学习基础差，对知识理解不透，感到知识抽象、枯燥无味，特别是当成绩不太理想或努力看不到明显成效时，易产生挫败感。这种状态会造成自我效能感低，反过来又容易引起学习焦虑倦怠，形成更大的压力，导致恶性循环。

2）过多自我加压、长期超负荷学习、过度用脑、不注意劳逸结合，导致身心异常疲乏、注意力下降、记忆力变差，对学习感到厌烦。

3）对所学课业和学校活动的热忱消失，呈现一种消极状态，对同学、朋友态度冷漠和疏远，对一切都持无所谓态度。

有的学生因为成绩不太好而妄自菲薄、过于谦卑，认为自己一无所长；也有的学生因为学习良好而目中无人、自以为是，看不到自己的缺点和不足。这些不客观的认识会使学生在运用学习方法的时候发生偏差，比如，自以为是的学生在制订学习目标时往往会好高骛远、不切实际。每个大学生不一定都要取得最优秀的学习成绩，但一定要有学习的能力和意识。

有研究指出，一个大学生在校所学知识可能仅占其一生所需知识的10%左右，而其余90%的知识需要在工作中获取。对于一生的发展来说，"渔"比"鱼"更重要，提高学习能力是大学学习的第一要务。当你有学习压力的时候不要紧张，要知道一个道理，那就是并不只是你一个人会有学习压力，所有学生都有学习压力，压力是一种常态，甚至全社会人人都有，所以当自己感觉到有压力时要学会用平常心对待，要学会积极调整。对于学习来讲，压力会督促你，让你在学习上有些许紧张，从而使你更加谨慎，学习效率会更高。所以，有压力并不一定是一件坏事，有时甚至是一件好事。如果生活、学习太安逸，没有任何危机感，学习也就没有动力，你也就很难变得卓越。同时，也不能因为学习不顺利，就消极断言"不适合自己"或"自己没有这方面的才能"，也许只是"方法"不对，避免陷入消极情绪，渐渐地，你会发现，只要找到适合自己的学习方法，困难慢慢会迎刃而解。没有"不适合学习的人"，只有"不适合自己的学习方法"。请坚信，每个人都有学习的能力。

学习本来是对未知事物的求知欲、好奇心，是由内而外自发形成，换句话说，就是一种受学习欲望驱使的行为。只有从"要我学习"到"我要学习"，让学习从义务变为欲求，掌握了适合自己的学习方法，在学习的道路上才会越走越顺畅。

该你试试了

做学习达人

- 经常性地检查学习环境，确认其能最大限度地保证专心学习。
- 拿出时间来消化新知识，保证每天复习。

- 一次学习太多东西会让人头昏脑涨,所以要学会适当分解,各个击破。
- 如果有足够多的重复,人脑能同时成功处理6~7个想法,并且很好地保留信息。
- 把学习时间分散开,就不会像"填鸭式"集中猛灌那么累人。
- 使用学习月历和待办清单,调整自己的学习节奏。
- 井井有条地学习。
- 把难的作业题目(任务)和不太费脑的作业题目(任务)交替进行,以调节大脑。
- 切记,你的学习活动要和你的学习意愿合拍。
- 先做最难的题目,以消除焦虑。
- 强化自己的学习能力。
- 认清拖延症的危害和改掉这一毛病的益处。
- 审视各项生活事务的轻重缓急,改善自己的行为模式,使生活更轻松、更成功。
- 观察和改善自己的时间管理模式,以便更好地满足自己的学习生活需要。
- 学会利用空闲时间(如排队时间、等人的时间等)。
- 在离开教室之前,务必确定已经知道老师布置的作业,学会使用作业提示清单。
- 分配足够的时间完成作业,坚持预估完成任务需要的时间和努力付出程度。
- 不要战线过长,平均用力,要考虑你的承诺和每项任务的优先程度。
- 真正享受你的"自由时间"。
- 对学习要抱有积极的态度。
- 愿意接受改善建议,并加以落实。
- 不喜欢某项作业和任务没有关系,但无论如何要完成它!
- 没得到好的分数,往往不是因为缺乏信息,而是因为信息缺乏梳理。

- 专心是学习过程中面临的最大挑战，所以要运用集中注意力的技巧努力排除干扰。
- 睡觉前，用学习卡片和知识结构图来复习学过的知识。
- 让阅读的资料和眼睛成45度角，以降低视觉疲劳程度。
- 学习中理解有困难或遇到问题时，要果断求助。

（资料来源：［美］Gloria Frender 著，明月译《学会学习》）

第三节　如何才能学好

乌尔里希·伯泽尔是美国国家智库进步中心的高级研究员，在大学毕业之后一直研究学习方法的课题。《有效学习》是他的研究成果，也是他亲身经历的总结。伯泽尔在《有效学习》中提出这样的观点：学会如何学习，将是专家们所说的"终极生存技能"，这是现代社会超越其他一切技能的关键能力。因为一旦学会了如何学习，你就可以学习任何事物。

下面内容是引自他的自述：

上幼儿园可能是我第一次在学业上遇到的挑战。当时我是班里最小的孩子，因为跟不上进度，所以反复留级。等到了小学，老师让我去接受残障儿童特殊教育的测试，做了一长串我不知所云的测试题，有点像我们现在心理学入门课程的一些内容。上了中学以后，每周我都要接受几个小时的残障儿童特殊教育，也就是说，学校几乎把我判定为思想和行为都很古怪、适应能力差、不善交际、与周围环境格格不入的人。我当时不懂得如何学习，不知道如何思考，不知道如何问问题，不知道如何设定目标，更不知道习得知识意味着什么。就像学校心理医生评估报告所写的那样，我完全不具备学习能力，完全茫然无措。

后来，在其他老师的帮助下，我掌握了几个基本的学习方法。学习中，我会问自己：我真的懂了吗？我知道所学内容的深层逻辑吗？我逐渐意识到，我和别人学习的速度不一样，我可能需要比其他同学付出更多的努力才行。多年以后,我找到了集中注意力更好的办法,甚至热衷于任何一种可以让人安静下来的方法。最终,我在学业上重树信心,学业稳步上升。我对学业兴趣大增;在体育方面,不管是跑步、篮球还是越野我都兴趣浓厚。大学入学考试我考得不错,大量的努力和一点点的好运气,让我最终被一所常青藤学校录取。

可以看到,伯泽尔的转变始于"掌握了几个基本的学习方法",他的经历为《有效学习》提供了有力的支持:掌握正确的学习方法,是改变学习效果的关键,也是改变人生的关键。

一、学会学习的内涵

1. 学会学习的含义

在中国古代,"学"和"习"两个字一般是分开说的,是对社会生活中"学"和"习"两种现象的概括。最早把"学"和"习"联系起来的是孔子。孔子根据数十年治学经验提出:"学而时习之,不亦说乎?"后来西汉理学家戴圣在编纂的《礼记》一书《月令》篇中有"鹰乃学习"一语,这可能是学习二字联结的来源。这说明古人已经开始注意到,学习是一个完整的过程。

根据我国古代思想家和教育家的论述,学习过程大致可以划分为立志、博学、审问、慎思、明辨、时习、笃行七个阶段。立志,即确立学习志向,形成学习动机;博学,即广泛地获取知识;审问,即详尽地考察和探索学习中的疑问;慎思,即在学习中要认真和严谨地思考,通过思考对掌握的材料进行由此及彼、由表及里、去粗取精、去伪存真的加工改造;明辨,即在慎思的基础上,明辨是非真假,获得准确的知识;时习,即要对学过的知识及时和经常地练习、复习,做到"学而时习之""温故而知新";笃行,即用习得的知识指导自己的实践,做到知行统一。

"会学习"三层含义:第一,会学习就是会根据自身的基础和主客观条件,计划、调控和评价学习,从而不断调整和优化自己的知识结构,适应进一步学习和社会发展的需要；第二，会学习就是会用最短的时间、尽量少的精力，以最快的速度获取尽可能多的知识和技能，会采用最适宜、有效的方法和策略，获得最好的学习效果；第三，会学习就是会把握学习的重点，不只是满足于获取某种知识，而是重点掌握思维过程和方法，也就是说，学习的目的不是重在得到"鱼"和"金子"，而是学到"捕鱼"和"点金"之术；第四，会学习就是会把所学的知识应用到生产和社会需要的实践中去，并且会在实践中进一步学习，不断丰富和深化所学知识。

由此可见，学会学习就是学会自主学习，学会学习方法，学会高效学习，学会学以致用。换言之，学会学习就是学会自主地选择学习目标，运用适宜、科学的学习策略和方法，高效地学习，在获取更多知识的同时，习得获取知识的方法，并且能将获得的知识灵活地应用到实践中去。

2. 学会学习的特征

作为大学学习目标新取向的学会学习，具有以下几个主要特征。

1）学会学习（学会认知）是学会做事、学会共处、学会做人的根本途径和基础，它不仅是学习目标，也是认知过程，其最终目标指向人的全面和谐发展。

2）学会学习强调学习者的主体地位和主体作用的充分发挥，重视主动意识、独立意识、创造意识等主体意识的养成。

3）学会学习和终身学习联系在一起，不受时间和空间限制，不仅在学校、在教师的指导下学习，而且在家庭、社会的大环境中，通过各种媒介汲取有益的信息，积极主动、自觉、自由地学习。

4）学会学习既重视学习者的智力因素在学习中的地位和作用，又重视非智力因素的发展以及良好的行为习惯和情感态度的养成。

5）学会学习不仅重视掌握必要的基础知识，而且更重视学习方法、学习策略、认知水平，以及电脑多媒体等现代信息技术的应用，提高学习能力和学习效率。

6）学会学习重视潜能的开发和实践能力的培养，重视学生自我评价能力的培养，以及独立性和创造性的形成，实现自我激励和自我决策。

7）学会学习重视教师的主导作用，更重视学生的主体作用，师生在教与学的活动中构成主导并实现双向互动，共同推动着学会学习的进程，实现学会学习的目的。

学习境界一般分为三层，第一层为苦学，即所谓"头悬梁、锥刺股""刻苦、刻苦、再刻苦"。处于这种层次的同学，觉得学习枯燥无味，对他们来说学习是一种被迫行为，体会不到学习中的乐趣。长此以往，对学习必然产生恐惧感，从而滋生厌学的情绪。第二层为好学，即所谓"知之者不如好之者"。达到这种境界的同学，对学习如饥似渴，常常达到废寝忘食的地步。他们的学习不需要别人逼迫，自觉的态度常使他们能取得好的成绩，而好的成绩又使他们对学习产生更浓的兴趣，形成良性循环。第三层为会学。学习本身也是一门学问，有科学的、需要遵循的规律。学会了学习，就学得轻松，学习也变得灵活流畅，能够很好地驾驭学习，真正成为学习的主人。学生在学习中，第一层居多，第二层为少数，第三层更少。我们应当明确，学习的一个重要目标就是要学会学习，这也是现代社会发展的要求。

二、大学学什么

大学生离开学校后，会出现两种完全对立的声音：一种声音说，毕业这么多年，根本没用到学校教的知识，为什么当初要浪费时间来学习；另一种声音说，毕业越久越觉得，学校教的知识非常有用，后悔当初为什么没好好学习。

那么大学到底学什么？

大学学习目标主要由知识、能力、情意三大领域组成，且每个领域又由许多要素（分目标）构成。它们相辅相成，共同影响学习目标的功能和作用，并最终实现学生的全面和谐发展。大学学习目标体系如图1-4所示。

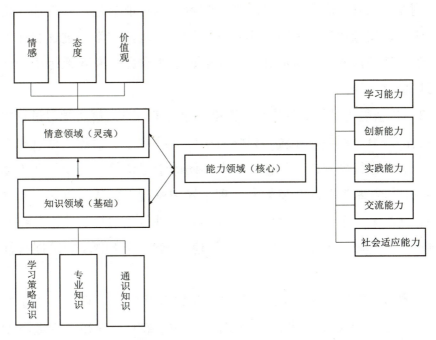

图1-3 大学学习目标体系示意

1. 知识领域

知识领域是大学学习目标体系的基础,从根本上影响着能力领域和情意领域。知识领域主要是由学习策略知识、专业知识和通识知识组成。

学习策略知识,是大学生(包括所有的学习者)在学习活动中进行有效学习的规律、原则、方法、程序等知识,也包括促进学习、获取知识与技能以及重组知识库的任何想法、情感或行为等知识。学习策略知识直接影响着通识知识、专业知识的掌握、应用和创新。通识知识与专业知识,是大学生作为一个现代人和一个未来的专业人员,必须了解和掌握的关于人类社会、自然和自身发展的基本文化科学知识,以及与所学专业相关的基本知识与基本理论等。

2. 能力领域

能力领域是大学学习目标体系的核心。大学生不是为了学知识而学习知识,而是为了更好地发展和提升能力。能力主要包括学习能力、创新能力、实践能力、交流能力和社会适应能力。

1)学习能力是指能在学习中设计、监控和评价自己的学习活动的能力。例如，能自主确立具有挑战性的学习目标；能自觉、有效地利用适当的资源、技能和学习策略来实施学习计划；能监控学习进程和评价自己的学习活动；能将获得的知识、技能、策略和方法有效地运用于新的学习情境之中等。

2）创新能力是指能创造性、策略性地思考，有效解决学习过程中各种问题的能力。例如，能对知识学习中的某些观念、信息、论点和立场提出质疑，进行批判性的评价；能在不同的学习情境中提出、评价创新性观点；能在掌握前人积累的专业理论知识基础上，从事再探索和创新活动；能将某一个学习活动中所学到的知识进行创造性转化，并将其运用到其他学习活动中，或者运用到其他探索性活动中，取得创新性成果等。

3）实践能力是指通过实践获取知识以及将知识、理论运用于实践的能力，也就是从实践中来、到实践中去的能力。例如，能将高度抽象的专业理论知识运用于课程设计、教学实验、生产实习、毕业实习、毕业设计等具体实践活动；能应用已有知识分析和解决实际问题；能在迅速变化的信息社会中，了解、使用针对不同目的而选择的相应技术；能在各种情境中有效地把理论运用于实践等。

4）交流能力是指与他人一起有效地学习、工作、生活，并且在各种情境中积极参与群体互动的能力。例如，能运用多种技能、策略、资源和技术，对信息进行收集、整理和传递；能利用恰当的口头语言、书面语言、体态语言、计算机技术以及其他形式，对信息进行组织、储存和提取；能发现交流中的问题，在必要时加以解决；能根据不同的对象、不同的交流目的和情景，使用不同的交流策略等。

5）社会适应能力是指人为了在社会更好地生存而进行的心理上、生理上以及行为上的各种适应性的改变，是与社会达到和谐状态的一种适应能力。一般认为社会适应能力包括：个人生活自理能力、基本劳动能力、选择并从事某种职业的能力、社会交往能力、用道德规范约束自己的能力。从某种意义上来说就是指社交能力、处事能力、人际关系能力。社会适应能力是反馈一个人综合素质能力高低的间接表现，是个体融入社会能力的表现。例如：能迅速认同新角色，正确对待新旧角色的冲突；能正确对待合作与竞争；能正确对待成功与失败；能尊重他人，主动与人交往等。

3. 情意领域

情意领域是大学学习目标体系的灵魂。情感、态度与价值观之间不仅具有相对的独立性，共同构成情意领域的主要范畴，而且还具有层次递进性，由低到高形成情意发展的连续体。情感、态度和价值观三者相互联系、相互影响、相互渗透，形成大学生的人格、心理与道德素质。

1）情感是人们对客观事物与自己需要的关系的反映，是感情、内心体验、愿望、价值追求等一系列心理现象的统称。大学学习的情感目标，不仅指学习热情、学习兴趣、学习动机，还包括爱、快乐、审美情趣等内心体验，个性倾向、性格特征的形成与改变，以及心灵世界的丰富等。

2）态度是人们对特定对象所持的一种具有内在结构相对稳定性的心理倾向。学习目标中的态度目标，不仅指学习态度、学习责任，还指在学习中形成的积极乐观的生活态度、求真创新的科学态度、宽容的人生态度，以及对社会的责任感、义务感，人道主义精神等。

3）价值观是指人们在关于价值问题上所持的立场和态度的总和。大学学习的价值目标，不仅强调个人的价值，更强调个人价值与社会价值的统一；不仅强调科学的价值，更强调科学价值与自然价值的统一，从而使学生从内心深处树立起对真、善、美的价值追求，以及人与自然和谐、可持续发展的理念，并最终形成信念、信仰等最深层次的价值观以及相关的道德观。

三、如何学会学习

在未来世界，如何学会学习是每一个人都要面对的课题，大学生自然也不例外。它既是打开终身学习之门的钥匙，也是进入知识经济时代的通行证。如何学会学习，可参见图1-5。

1. 树立远大的目标——学会学习的前提

目标是一个人前进的方向。人生要是没有目标，没有追求的理想，

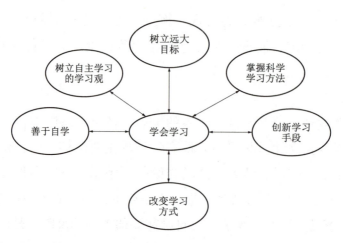

图 1-4 如何学会学习示意

就像没有航向的船只,不能到达成功的彼岸。目标渺小,就做不成大事;目标大,期望高,才可能获得成功。理想是一种精神力量,是大学生学习的内在驱动力。只有树立了崇高的理想,才能树立远大的奋斗目标,从而产生巨大的动力,激励自己锲而不舍、坚韧不拔、努力拼搏、奋勇向前。

2. 树立自主学习的学习观——学会学习的基础

所谓自主学习,就是学生自己主动学习。自主学习包括四个方面:首先,对自己现有的学习基础、智力水平、能力高低、兴趣爱好、性格特点、优势特长等有一个准确的评价;其次,在完成学校统一教学要求并达到基本培养标准的同时,能够根据自身条件,扬长避短、扬长补短,有所选择和有所侧重地制订加强某方面基础、扩充某方面知识和提高某方面能力的计划,优化自己的知识和能力结构;再次,按照既定计划积极主动地锻炼自己,并且不断探索和逐步建立适合自己的科学学习方法,提高学习能力和学习效率;最后,在实践中能够不断修正和调整学习目标,在时间上合理分配和调节,在思维方法及处理相互关系上注意总结、调整和完善,以达到最佳效果。大学生树立了自主学习的学习观就会意识到,自己是学习的主人,学习要靠自己的艰苦努力,同时,不断增强自我教育的意识,不断探究学习的规律,在受教育的过程中发挥自己的主动性和创造性,以适应科技迅猛发展知识不断更新的需要。

3. 掌握科学的学习方法——学会学习的关键

所谓学会学习，在某种意义上就是学会学习的方法。科学的学习方法不仅有助于在学习活动中少走弯路，有利于培养和提高各种学习能力，提高学习效率，而且更重要的是，它是人们攀登学习高峰、学有所成必不可少的重要因素。学习方法就是学生学习时所采用的方式、手段、途径和技巧。科学的学习方法是人们认识规律和学习规律的反映，它具有共同性和普遍性。同时，学习方法受学习目的、学习内容、学习条件、教育者的个体特征（如教授方法、学识水平、教育教学思想）、学习者的个体特征（如年龄、文化基础、素质、个性）等因素制约，而这些因素又是复杂的、多变的。因此，学习方法呈现出多样性且具有个性化的特征。另外，教育是随着社会生产力的发展而发展的，教育内容不但是社会科学技术发展水平的反映，教育的手段和方法也是由社会生产力发展水平所决定的，因此与教育内容、教育手段和方法相适应的学习方法也必然具有时代特点。

掌握了学习的规律，就会自觉地遵循学习规律进行学习。合乎学习规律的学习方法是科学的学习方法，它具有普遍的意义，比如，巧妙运筹时间的方法、运用大脑的方法、循序渐进的方法、增强记忆的方法、理论联系实际的方法等，都是对每个大学生都适用的基本方法。国内外的学者和专家创造的科学学习方法，是人类共同的智慧和财产。我们应当借鉴这些经验，以便在探讨学习方法时少走弯路。

要注意联系学习的实际，研究具有不同针对性的学习方法。如，处于不同的学习阶段、学习目标、学习内容、学习对象与学习环境，学习方法会有所不同；针对不同专业性质和课程特点，学习方法会有差异；采取不同的教学环节、教学形式，学习方法也必然不同。因此，学习方法要因课、因时而异。

要从个人实际出发，采用或创建适合自己特点的科学学习方法。每个人的发展基础不同，智力和非智力因素有差异，学习习惯、特点有所不同，因此，在研究、采用或创建科学的学习方法时，必须切合个人实际，切忌"千人一方"。"学有其法，学无定法，贵在得法。"

4. 善于自学——学会学习的基本途径

学习通常有两种基本方式——师授与自学。华罗庚说："对一个人来讲，一辈子总是自学的时间多。"钱三强也说："自学是一生中最好的学习方法。"一个人知识的积累和更新主要依靠自学，自学是学会学习的基本途径，也是成才的必由之路。

自学的主要途径是读书。从某种意义上讲，学会自学就是学会读书。当今时代，图书资料浩如烟海，没有科学的读书方法是不能在知识的海洋中自由航行。

学会自学，应掌握自学的方法与技能。要学会利用图书馆，使用工具书，检索文献、查询资料，做学习笔记，积累和整理资料，分析、归纳和总结所学知识（包括书本上的和实践中的）。

5. 改变学习方式——从"学会"转向"会学"

学习有两种方式：一是维持性学习或称适应性学习，其功能在于掌握已有的知识、经验，提高解决当前已经发生问题的能力，即"学会"；二是创新性学习或自主创新性学习，其功能在于通过学习提高发现、吸收新知识新信息和提出新问题的能力，迎接和应对未来社会发生的日新月异的变化，即"会学"。在农业经济和工业经济时代，科学技术发展和更新的速度相对缓慢，人们习惯于用已有的知识来解决当前的各种问题，形成了"维持性学习"为主的模式。而在知识经济时代，信息技术强化了已有知识的归类，加快了知识的传播速度，人们接触知识较以前更为容易，使得选择和有效利用知识的能力变得越来越重要。知识经济要求人们在学习方式上实现从"维持性学习"向"创新性学习"的转变。知识经济时代，具有不断掌握新知识进而创新知识的能力，比掌握现有的知识更为重要。

6. 创新学习手段——学会利用现代化学习工具

信息手段决定着人们获取信息量的大小和学习的模式，影响学习的效率。农业经济时代，学习是以劳动者言传身教的方式传授简单的劳动技能和经验；工业经济时代，人们通过工业化大信息量的群体化传播工具，如教材、报纸、广播和电视等，从较大的范围里获取知识和各种信息；而在知识经济时代，计算机网络变化和信息高速公路的出现，为学习开辟了广阔的道路。计算机已经成为信息收集、加工、存储、处理、传递、使用的有力工具，网络已成为方便实用的学习工具，提供了非常灵活的学习和工作环境，全世界的学习资源都可以用来为学习服务。信息手段的革命性变化为人们的学习展示了美好的前景，也提出了更高的要求。大学生应当学会使用现代信息技术，使学习的效果事半功倍。

该你试试了

聚焦学习模式

- 了解你自己是怎样学习的。
- 把怎样学、为什么学和学什么结合起来。
- 了解在什么时间和环境下，你学得最好。
- 采取各种学习活动来达到你的要求。
- 充分调动你的悟性来学习。
- 把你行之有效的学习方法应用于新挑战。
- 灵活地思考和学习。
- 聪明地选择适合自己的学习方法。
- 针对老师的教学风格，采取恰当的学习策略。
- 创造性地改编学习资料，使之更加适合自己。

（资料来源：[美] Gloria Frender 著，明月译《学会学习》）

拓展阅读

一、大学生必须学会的七项技能

就读大学时，你应当掌握七项学习，包括自修之道、基础知识、实践贯通、培养兴趣、积极主动、掌控时间、为人处世。经过大学四年的学习，你会从思考中确立自我，从学习中寻求真理，从独立中体验自主，从计划中把握时间，从表达中锻炼口才，从交友中品味成熟，从实践中赢得价值，从兴趣中获取快乐，从追求中获得力量。离开大学时，只要做到了这些，你最大的收获将是"对什么都可以拥有的自信和渴望"。

第一项学习：自修之道。

教育家斯金纳曾说：如果我们将学过的东西忘得一干二净时，最后剩下来的东西就是教育的本质了。所谓"剩下来的东西"，其实就是自学的能力，也就是举一反三或无师自通的能力。在大学期间，学习专业知识固然重要，但更重要的还是学习思考的方法，培养举一反三的能力，只有这样，才能适应瞬息万变的未来世界。

自学能力必须在大学期间开始培养。许多同学总是抱怨老师教得不好、懂得不多，学校的课程安排也不合理。大学生不应该只会跟在老师的身后亦步亦趋，而应当主动走在老师的前面。最好的学习方法是在老师讲课之前就把课本中的相关问题了解清楚，然后在课堂上对照老师的讲解弥补自己在理解和认识上的不足之处。

中学生在学习知识时更多的是追求记住知识，而大学生应当要求自己理解知识并善于提出问题。对每一个知识点，都应当多问几个"为什么"。事实上，很多问题都有不同的思路或观察角度。在学习知识或解决问题时，不要总是死守一种思维模式，不要让自己成为课本或经验的奴隶。只有这样，大学生潜在的思考能力、创造能力和学习能力才能被真正激发出来。

《礼记·学记》讲道："独学而无友，则孤陋而寡闻。"也就是说，大学生应当充分利用学校里的人才资源，从各种渠道吸收知识和方法。除了资深的教授以外，大学中的青年教师、博士生、硕士生乃至自己的同班同学都是知识来源和学习伙伴。每个人对问题的理解和认识都不尽相同，只有互帮互学，大家才能共同进步。

大学生应该充分利用图书馆和互联网，培养独立学习和研究的本领。首先，大学生一定要学会查找书籍和文献，以便接触更广泛的知识和研究成果。读书时，应尽量多读一些英文原版教材。其次，在书本之外，互联网也是一个巨大的资源库，大学生们可以借助搜索引擎在网上查找各类信息。

第二项学习：基础知识。

在大学期间，一定要学好基础知识（数学、英语、计算机和互联网的使用，以及本专业要求的基础课程，如商学院的财务、经济等课程）。应用领域里很多看似高深的技术在几年后就会被新的技术或工具取代，但对基础知识的学习可以受用终身。如果没有打下好的基础，大学生们很难真正理解高深的应用技术。在中国的许多大学里，教授对基础课程也比对最新技术有更丰富的教学经验。

数学是理工科学生必备的基础知识。很多学生在高中时认为数学最难学，到了大学里，一旦发现本专业对数学的要求不高，就会彻底放松对数学知识的学习。但绝大多数理工科专业的知识体系都建立在数学的基础之上，同时，学习数学知识可以培养和训练人的思维能力。学习数学不能仅仅局限于选修相关课程，而是要从学习数学的过程中掌握认知和思考的方法。

学习英语的根本目的是掌握一种学习和沟通工具。我们该如何学好英语呢？最重要的学习方法就是尽量与实践结合起来，不能只"学"不"用"，更不能只靠背诵的方式学习英语。读书时，大家尽可能阅读原版的专业教材，并适当地阅读一些自己感兴趣的专业论文。提高英语听说能力的最好方法是直接与那些以英语为母语的外国友人对话。此外，大家不要把学英语当作一件苦差事，完全可以用有趣的方法学习英语。例如，可以多看一些演讲视频、小说、戏剧甚至漫画。初学者可以找英文原版的教学节目和录像来学习，有一定基础的则看英语电视或电影。听英语广播也是很好的练习英语听力的方法。在互联网上也有许多互动式的英语学习网站，大家可以在网站上用游戏、自我测试、双语阅读等方式提升英语水平。

信息时代已经到来，大学生在信息科学与信息技术方面的素养也成为必备基础之一。虽然不是每个大学生都需要懂得计算机原理和编程知识，但所有大学生都应能熟练地使用计算机、互联网、办公软件和搜索引擎，能熟练地在网上浏览信息和查找专业知识。

每个特定的专业都有相应的基础课程。以计算机专业为例，许多大学生只热衷于学习最新的语言、技术、平台、标准和工具，因为很多公司在招聘时都会要求这些方面的基础或经验。这些新技术虽然应该学习，只有学好基础课程（如数据结构、算法、编译原理、计算机原理、数据库原理等）才可以以不变应万变。

第三项学习：实践贯通。

有一句关于实践的谚语是这样说的："我听到的会忘掉，我看到的能记住，我做过的才真正明白。"在大学里，同学们应该懂得如何每一个学科的知识、理论、方法与具体的实践、应用如何结合起来，尤其是工科的学生，更是如此。

无论学习何种专业、何种课程，如果能在学习中努力实践，做到融会贯通，就可以更深入地理解知识体系，可以牢牢地记住学过的知识。因此，同学们可多选些与实践相关的专业课。实践时，最好是几个同学合作，这样，既可以经过实践理解专业知识，也可以学会如何与人合作，培养团队精神。如果有机会在老师手下做些实际的项目，或者走出校门打工，只要不影响课业，这些做法都是值得鼓励的。外出打工或做项目时，不要只看重薪酬待遇（除非生活上确实有困难），有时候，即便待遇不满意，但有许多培训和实践的机会，也值得一试。

以计算机专业为例，实践经验对于软件开发来说更是必不可少的。微软公司希望来应聘程序员的大学毕业生最好有十万行的编程经验。理由很简单：实践性的技术要在实践中提高。计算机归根结底是一门实践的学问，不动手是永远也学不会的。因此，最重要的不是在笔试中考高分，而是具有实践能力。

第四项学习：培养兴趣。

孔子说："知之者不如好之者，好之者不如乐之者。"如果你对某个领域充满激情，你就有可能在该领域中发挥自己所有的潜力，这时候，你已经是为了"享受"而学习了。

如何才能找到自己的兴趣呢？首先要客观地评估和寻找自己的兴趣所在，不要把社会、家人或朋友认可和看重的事当作自己的爱好；不要以为有趣的事就是自己的兴趣所在，而是要亲身体验它并用自己的头脑作出判断；不要以为有兴趣的事情就可以成为自己的职业，不过，你可以尽量寻找天赋和兴趣的最佳结合点。

最好的寻找兴趣点的方法是开阔自己的视野，接触众多的领域。而大学正是这样一个可以让你接触并尝试众多领域的独一无二的场所。因此，大学生应当更好地把握在校时间，充分利用学校的资源，通过使用图书馆资源、旁听课程、搜索网络、听讲座、打工、参加社团活动、与朋友交流、使用电子邮件和电子论坛等不同方式接触更多的领域。如果你发现了自己真正的兴趣爱好，这时就可以去尝试转系，尝试课外学习、选修或旁听相关课程；你也可以去找一些打工或假期实习的机会，进一步理解相关行业的工作性质；或者，努力去考自己感兴趣专业的研究生，重新进行一次专业选择。

除了"选你所爱"，大家也不妨试试"爱你所选"。在大学中，转系可能并不容易，所以，大家首先应尽力试着把本专业读好，并在学习过程中逐渐培养自己对专业的兴趣。此外，一个专业里可能有很多不同的领域，也许你对专业里的某一个领域会有兴趣。现在，有很多专业发展了交叉学科，两个专业的结合往往是新的增长点。另一方面，就算你毕业后要从事其他行业，你依然可以把自己的专业读好，这同样能成为你在新行业中的优势。

在追寻兴趣之外，更重要的是要找寻自己终身不变的志向，兴趣可以改变，但志向是始终不渝的。因此，大家不必把某种兴趣当成自己最后的目标，也不必把任何一种兴趣的发展道路完全切断，在志向的指引下，不同的兴趣完全可以平行发展，实在必要时再进行抉择。志向就像罗盘，兴趣就像风帆，两者相辅相成、缺一不可，它们可以让你驶向理想的港湾。

第五项学习：积极主动。

被动的人总是习惯性地认为他们现在的境况是他人和环境造成的，如果别人不指点、环境不改变，自己就只有消极地生活下去。持有这种态度的人，事业还没有开始，自己就已经被击败。也就是说，一个主动的学生应该从进入大学时就开始规划自己的未来。

积极主动的第一步是有积极的态度。

积极主动的第二步是对自己的一切负责,勇敢面对人生。不要把不确定的或困难的事情一味搁置起来。但是,我们必须认识到,不解决也是一种解决,不决定也是一个决定,这样的解决和决定将使你面前的机会丧失殆尽。对于这种消极、胆怯的作风,你终有一天会付出代价。

积极主动的第三步是要做好充分的准备:事事用心,事事尽力,不要等机遇上门;要创造机遇,把握机遇。要做好充分的准备,当机遇来临时,你才能抓住它。

积极主动的第四步是"以终为始",积极地规划大学四年生活。任何规划都将成为你某个阶段的终点,也将成为你下一个阶段的起点,而你的志向和兴趣将为你提供方向和动力。只要认真制订、管理、评估和调整自己的人生规划,你就会离你自己的目标越来越近。

第六项学习:掌控时间。

大学是最容易迷失方向的时期。大学生必须有自控的能力,让自己交些好朋友、学些好习惯,不要沉迷于对自己无益的习惯(如网络游戏)里。

一位同学说:"大学和高中相比,不同的只是大学里上网的时间和睡觉的时间多了很多,压力也小了很多。"这位同学并不明白,"时间多了很多"正是大学与高中之间的巨大差别。时间多了,就需要自己安排时间、计划时间、管理时间。

安排时间并不意味着非要做出一个时间表来。《高效能人士的七个习惯》一书提出,对"重要事"和"紧急事"的安排处理是人们浪费时间的最大原因之一。因为人的惯性是先做最紧急的事,但这么做会导致一些重要的事被荒废掉。因此,每天管理时间的一种好方法是:早上确定今天要做的紧急事和重要事,睡前回顾一下,这一天有没有做到两者的平衡。

想把每件事都做到最好是不切实际的,可把"必须做的事"和"尽量做的事"分开。建议大家用良好的态度和宽广的胸怀接受那些你暂时不能改变的事情,多关注那些你能够改变的事情。

第七项学习:为人处世。

现在,人们在社会中、在工作中与人相处的能力会变得越来越重要,甚至超过了工作本身。所以，大学生要好好把握机会，培养自己的交流意识和团队精神。

对于如何在大学期间提高人际交往能力，以下的建议可以参考。

第一，以诚待人，以责人之心责己、以恕己之心恕人。对别人要抱着诚挚、宽容的胸襟，对自己要怀着自我批评、有过必改的态度。与人交往时，你怎样对待别人，别人也会怎样对待你。这就好比照镜子，你自己的表情和态度，可以从他人对你流露出的表情和态度中一览无遗。最真挚的友情和最难解的仇恨都是由这种"反射"原理逐步造成的。

第二，培养真正的友情。如果能做到第一点，很多大学时的朋友就会成为你一辈子的知己。在一起求学和寻求自身发展的道路上，这样的友谊弥足珍贵。交朋友时，不要只去找与你性情相近或只会附和你的人做朋友。好朋友有很多种，如乐观的朋友、智慧的朋友、脚踏实地的朋友、幽默风趣的朋友、激励你上进的朋友、提升你能力的朋友、帮你了解自己的朋友、对你说实话的朋友等。

第三，学习团队精神和沟通能力。社团是微观的社会，参与社团是步入社会前最好的磨炼。在社团中，可以培养团队合作的能力和领导才能，也可以发挥你的专业特长。但更重要的是，你要做一个诚心诚意的服务者和志愿者，或在担任学生工作时主动扮演同学和老师之间沟通桥梁的角色，并以此锻炼自己的沟通能力。

第四，从周围的人身上学习。在班级里、社团中，多观察周围的同学，特别是那些你觉得交往能力和沟通能力特别强的同学，看他们是如何与人相处的。

第五，提高自身修养和人格魅力。如果觉得没有特长、没有爱好可能会成为自己提高人际交往能力的一个障碍，那么，你可以有意识地去选择和培养一些兴趣爱好。共同的兴趣和爱好也是你与朋友建立深厚感情的途径之一。如果真的没有什么兴趣，那么，多读些书丰富自己的知识也可以增强自己的人际交往能力，因为没有什么比智慧和渊博更能体现一个人的人格魅力了。

（资料来源：http://www.doc88.com/p－182656915496.html）

二、学习法则

分享 10 个好的学习法则。

1. 运用回想

读完一页书,看向别处并回想主要观点。少做标记,没记住之前不要画重点,要先回忆。在去教室的路上试着回忆要点。回忆的能力是学好知识的关键标志之一。

2. 自我测试

任何内容皆可测试,无论何时皆可测试。抽认卡片是你的良师益友,可以用来记词汇、背历史、背公式等。使用抽认卡的目的主要是帮助记忆,提高学生的学习动机,以及在课堂上为学生提供多种感官的刺激。

3. 对问题进行组块

搭建组块的过程就是理解问题、练习解题方法的过程,有了组块才能在脑中瞬间闪现答案。解决一个问题之后,要将其重新排演一遍。确保在许久没接触这道题后,你还能答出问题的每个步骤。把问题当成一首歌,在心里学着一遍遍地唱,让信息合成一个流畅的旋律,任何时候都能任你提取使用。

组块思维很好,不过需要反复练习,一开始最好尝试从容易的问题入手,不断分块,慢慢锻炼自己对问题的理解和分析能力,逐渐提高。

4. 间隔开重复动作

复杂的事情简单做,你就是专家;简单的事情重复做,你就是行家;重复的事情用心做,你就是赢家。无论学哪门课,不要安排得太集中,要像运动员一样每天安排不同的练习。你的大脑就像一块肌肉,它一次只能处理某学科上一定的练习量。

学习知识需要不断重复,过去以为知识只要看一遍,知道了就算明白了,而实际上很多知识,最开始学习时可能会很快忘记,只有在不断的练习实践中才能加深印象。

5. 在练习中交替使用不同解题技巧

做任何练习的期间不要只用一种解题技巧,否则一段时间过后,你只是在模仿自己之前解题的老路子。解题方法要混合使用在不同的题型上，这么做会让你同时知道如何以及何时用一个解题方法。每一门作业和考试之后，要回顾错题，确保理解自己错误的原因，之后重新解答一遍。想要最高效地学习，就在抽认卡片的一面用手写下问题（别用键盘打字，用手写比起打字时构建的神经结构更坚实。），再在另一面写下答案。如果你想把它上传到智能手机的应用软件里，你也可以把卡片拍下来。你可以用不同的题型来随机测试自己。另一个测试自己的方法，是随机翻开书本挑一个问题，看看自己能不能在很久没碰这道题之后，还能给出答案。

6. 注意休息

有一种常见现象，是学数学或其他学科时，你会难以理解一些初次遇到的问题或概念。这就是为什么每天学一点比集中在一天学会好的原因。当你对一道数学或科学上的难题灰心丧气时，可以休息一下，这样你大脑的另一部分就能在后台继续工作。学习是一件很耗精力的事情，一定不要被所谓的"学习是一件快乐的事"所迷惑，更多的时候，学习是一件枯燥乏味的事，明白了学习更多时候是乏味的之后，才能在苦中作乐，找到真正的乐趣。

7. 使用解释性的提问和简单类比

无论何时遇到难懂的概念，都要自己想一想，怎样解释才能让 10 岁小孩都明白这个概念。使用类比真的有用，比如电流就像水流。不要只想解释，要大声说出来或者写下来。凭着嘴上说手上写的功夫，你能把所学知识编译（将知识转换到神经记忆结构中）到更深的记忆中。

8. 专注

要关掉手机和电脑上所有会干扰你的提示音和闹铃，并在计时器上设定 25 分钟。你要在 25 分钟之内集中注意力。计时器的时间一到，给自己一个小小的、有趣的奖励。一天中安排几个这样的工作时段，能实实在在地推进你的学习进度。试着规定学习时间和地点，不要看电脑和手机，让学习变得自然而然。专注力可以通过减少干扰来做到，不一定非要增加更多的休息时间。

9. 困难的事情最先做

最清醒的时候，要去做一天中最困难的事情。因为困难的事，一天还不能被解决掉，就可能需要花很多天的时间。一旦开始拖延困难的事，到最后，就会成为解决不了的事情了。

10. 心理对照

想象过去的你，对比通过学习能够成就的那个自己。在你的工作区域贴一张图或几句话来提醒自己。如果觉得自己缺乏动力了，就看看它们。如果真的能够坚持到足够长的时间，你就会发现，自己的进步是如此明显。

分享 10 个坏的学习法则。

你要避免这些方法，因为它们会浪费你的时间，甚至还会让你以为自己真的在学习。

1. 被动重复阅读

很被动地坐着看书，除非你能闭卷回忆要点，证明读过的材料进入了你的大脑，否则重复阅读就是浪费时间。

2. 满眼尽是重点标记

在文中标记重点，会让大脑以为自己已经记住了学习内容，但实际上你只是手上动动。在书上各处适当标记是对的，有时它会帮你突出重点。但是，如果把它当成辅助记忆的工具，就要确保自己标记下的内容也记在脑子里了。

3. 瞟一眼解题方法，就觉得胸有成竹

这是学生学习时所犯的最糟糕的一个错误。你要做到的，是不看答案也能一步步解决问题。

4. 等到火烧眉毛才开始学习

你会在田径运动会开始前的最后一刻才开始猛练一番吗？你的大脑如同一块肌肉，它每次在一个科目上能够应付的练习量是有限的。

5. 已经清楚解法，但仍反复解答同一题型

如果练习中只是坐在那解决相似的问题，你实际上并没有在备考，这就像一场盛大的篮球赛来临之际，你却只做控球这一种练习。

6. 与朋友一起把学习变成了闲聊

和朋友核对解题方法,拿自己知道的问题相互提问,这会让学习更有趣,同时暴露你的思维缺陷,并让你的学习更深入。但是,如果任务还没完成,共同学习却成了闲谈打趣,你可就在浪费时间了,这时就该换个学习小组了。

7. 做题前忽视读课本

还不会游泳的时候你会轻易跳进泳池吗?教科书就是你的游泳教练,它会指引你通向答案。如果嫌麻烦而疏于读书,你不仅会犯错,还会浪费时间。在你开始读书之前,快速浏览一遍目录和章节,能让你对内容有个大致的概念。

8. 有疑问点,却不找导师或同学核对并解决

教授会习惯性地为那些充满困惑的学生指点迷津,这是教师的职责。让教师担心的是不来提问的学生。

9. 时常分心,却还以为自己学得足够深入

每次受到即时短信或谈话的影响,你能在学习上投入的脑力都会变得更少。每一次被打断注意力,小小的神经都会被再次连根拔起,无法在脑中扎根生长。

10. 睡眠不足

睡眠中,你的大脑会将解题技巧拼凑在一起,同时它也会对你睡前习得的任何内容进行反复练习。长时间的疲劳会破坏神经连接,让你无法快速有效地思考。如果考前没睡好,就算之前做过怎样的努力也无济于事。

(资料来源:[美] 芭芭拉·奥克利《学习之道》)

三、珍惜时间的误区

让每一分钟都过得充实而有意义是珍惜时间的表现,提高效率更能使实践创造双倍的价值。但是,一些同学走极端,总以为珍惜时间就是把每一分、每一秒都用于学习上,因为害怕浪费时间,总是来也匆匆,

去也匆匆，心急火燎，结果却往往适得其反。这些都是珍惜时间的误区，提醒你一下，珍惜时间可以，但不要走入时间的误区。

1. 不要把计划留在纸上

与无计划的人相反，这种人时时制订计划，事事制订计划，大事制订计划，芝麻小事也要制订计划，他的生活无时无处不是在计划中进行的。他们总习惯将每项计划都制订得特别精确细致，唯恐出现一点儿失误。这种人是典型的完美主义者，做事追求尽善尽美，所以活得很累。

计划是为了更加充分有效地利用时间，但如果将自己的日程表安排得满满的，没有一点空隙，不留下一点应付意外事件的缓冲时间，一旦事情发生变化，往往措手不及。

一般而言，他们总把计划作为工作的主要内容，却忘记了行动，以为事情只要计划得好就可以了，却没想到行动才是实现目标的关键。计划占据了他们过多的时间，所以留给行动的时间所剩无几，以致成功就成了一件没有保障的事情。

在这个时候，你需要平静自己的心情，稳定自己的情绪，要让大脑冷静下来，经过客观的分析判断之后，再采取有节有度的行动。只有这样，才能既保证速度又保证质量。

2. 不求急但求稳

急性子的同学巴不得事情马上就做好，所以总是表现出急躁愁苦的样子，哪怕只是一件小事情，他们也总是焦急万分，唯恐事情办不好或时间不够用。因担心延误时间，许多应该做的事情往往只是应付了事，草草收场。结果是欲速则不达，反而浪费了时间。

想节省时间的出发点是正确的，因为事情紧急也应该加快步伐，但是因为过于着急，情绪压抑了理智，大脑因为过于急躁紧张而不能冷静地分析问题，找到解决问题的办法，对于整个工作的计划往往还没有想周全就开始行动，所以做起事来总是捉襟见肘，想到此而忘了彼。这样的行动，怎能取得满意的结局呢？

3. 不要无事瞎忙有事却乱忙

人们把那些没事找事做的人叫"无事瞎忙"。就有这样的同学，害怕虚度光阴，不断地给自己找事情做，不管这事情该不该干、该不该由他们来干，总喜欢忙一件算一件。

无事瞎忙的人往往就是那些生活没有明确目的的人，他们还有一个特征就是性子比较急。因为没有明确的生活目的或奋斗目标，所以他们不知哪些事情该做、哪些事不该做。对于那些有事乱忙的人来讲，只知道该忙些什么，但是不知道该怎么忙，应该先做什么后做什么。他们只是把认为该做的事情像炖大杂烩一样搅到一起，结果事情弄到一团糟，毫无头绪而言。在没有制订好计划的前提下，因为急于求成，所以莽撞地开始行动。结果，这种无顺序、欠计划的行动把事情越搞越乱、越乱越糟，想成功就十分困难了。

（资料来源：周文敏编著《做爱学会学之人——大学生学习全攻略》）

四、大学学习规划

大学四年，每个学生都会有收获、有遗憾，有坚持、有后悔，有成功、有失败，有回忆、有空白。临近毕业，工作、考研或出国等尘埃落定，一定会缅怀自己燃烧过的四年，想到自己取得的成绩，嘴角会流露满意的喜悦；想到未取得的遗憾，又会有一种未追求卓越的遗憾。

是否曾觉得自己每天都在忙碌，但当别人问起，却不知在忙碌什么；是否曾觉得自己每周都在上课，但当问及自己，却不知学到什么；是否曾觉得自己每个月下来，竟没进过几次图书馆，没读过几本书；是否曾觉得每学期只有期末或考试前才认真读几页书；是否曾在找工作时因为没有一口流利的英语或扎实的计算机水平等，而与好工作失之交臂……在即将走出校园时你可能会想："如果能重新过一次大学生活，我将……"

1. 基础知识——英语、计算机

1）重要的沟通工具——英语

学好英语是为了更好地交流和沟通，学习西方的先进思想和先进科学技术，走向世界。要将它作为一种技能好好学习和掌握，并且应该建立良好的学习方法和学习计划。

①善于利用网络视听学英语。

A. 背单词。英语是靠一个一个单词积累起来的，单词在英语中的地位举足轻重。但兴趣是学习之本，背单词并不是买一本英语单词书从A背到Z，要掌握方法，不然背单词就成了忘了背、背了忘。

首先，给自己量身打造一个可行的学习日计划或周计划。计划赶不上变化，所以一定要对自己的计划进行执行、控制、反思。其次，背单词时要掌握方法，借助科学的方法帮助记忆。互联网上有在线背单词的系统，在背单词的同时，会有科学的方法提醒你记忆，比如通过看图识单词，根据动画片的一些动作或场景，可将单词理解性地输入脑海，形成条件反射，而不单单是枯燥地拓展一下语法、背诵一些句子进行记忆。此外，还可以借助发音、游戏、单词测试、社区和朋友一起背单词互动等帮助记忆。最后，背单词要学会举一反三。背单词时需要联想记忆，可举一反三通过一个单词了解单词的词根、近义词、反义词、常用语，等等。

B. 听说英语。英语作为一种沟通工具，主要用途还是在于应用（即听说）。听说能力是大学生职业规划中需要重点培养的一项技能。听说英语最重要的学习方法是习得而不是学得。习得过程类似于儿童母语能力发展的过程，是一种无意识地、自然而然地学习第二语言的过程。学得，即通过听教师讲解语言现象和语法规则，并辅之以有意识的练习、记忆等活动，达到对所学语言的了解和对其语法概念的掌握。习得的结果是具有潜意识的语言能力；而学得的结果是对语言结构有意识的掌握。

首先，要建立声音和图像的直接联系，就是要在听到发音时能条件反射般了解其意思。可以通过看图识音、全身反射法来训练，即通过游戏在听到发音后能立刻找出相对应的图片，或通过肢体语言做出相应动作来练习，这样就可以掌握一些可理解性的词或英语内容。然后，可以进行一些可理解性听力的训练（不然就是浪费时间），选择一些适合的电影或连续剧（如《老友记》等），通过看剧中各个对话场景，不刻意在脑海中翻译对话内容，有必要的话，利用互联网工具和资源进行反复观看，并模仿发音练习。当然，在看英文电视剧或电影时，第一遍可以先看一下字幕，熟悉单词，第二遍、第三遍不看字幕，仅靠耳朵去听，仔细体会人物说话的意思、发音、语调、节奏等，等到自己跟得上、听得懂时，可以跟着发音练习自己的口语。等到自己听力水平基本跟得上原版电影或者英语新闻，便可以适当针对性地说英语，进行英语阅读，当然听力也不能松懈，可以继续找一些好的学习材料（如英文歌曲、名人演讲、电台录音等）来练习。

②利用学校资源，勇于实践。

大学是人生的关键，是认识自我、充实自我的平台，我们要学会利用学校的资源（如图书馆、电子阅览室、英语角等）。在图书馆，我们可以有在线的英语学习课堂，能查到、阅读与专业相关的外文文献和图书，这样能提高英语和相关专业的知识水平；每个学校基本上都会有类似"英语角"的活动，可以当面和外国友人对话，这对于自己的听力和口语的提高是非常有帮助的，阿里巴巴创始人马云中学时代就坚持到西湖边当外国人的"导游"，练就了一口流利的口语。

总之，善用网络、勇于实践、持之以恒是英语学习进步的必由之路。

2）信息时代必备——计算机

大学校园里，有些同学买计算机是为了玩游戏，有的甚至因为游戏而荒废了学业。其实，运用计算机更好地学习、工作，才是学习计算机的目的。对于如何学习计算机知识，许多人还不知道怎样着手，下面是几点心得和建议。

第一，树立信心。很多人误以为学习计算机很难，其实并非如此。必须树立容易学的信心，这样你才能有一往无前的勇气，不然一看到代码或者新专业名词就会头晕，无心再学下去。

第二，踏实坚持。学计算机必须踏实地打好基础，基础课程是计算机根基，而那些新的语言、技术、平台、工具等都是上层建筑。不能急于求成。学习计算机语言时就像学英语一样，有词汇、语法等基础，只有这些扎实了才可能修炼更高层次。

第三，学以致用。学习了一些计算机知识后，最好是亲自实践一下，这样理解就会更加深刻。老师的讲解虽然通俗易懂，自己听后也只是留下初步的印象，如果不实践，很可能会在一两天后忘记。但当自己实践后就能发现问题，如果自己能通过实践取得成果，就会树立信心，获得成就感和兴趣，继续坚持学习。

2. 专业知识——人生规划

部分大学生到毕业时还不知道自己专业能做什么，自己想从事或能做什么，从未做过自己的大学生职业规划。大学是一个认识自己、发现兴趣、塑造自己的过程，这也是大学生职业规划的过程。

在大学发现自己的兴趣需要不断经历，拓宽视野，接触众多领域。只有接触和尝试了，才能发现什么是自己喜欢的、什么是适合自己的，才能规划好自己的职业。学习专业知识时，也应该掌握学习方法和学习计划。抓住在大学的时间，利用学校的资源，通过使用图书馆资源、旁听课程、搜索网络、听讲座、参加社会实践、参加社团活动、与朋友交流等方式接触更多的领域，发现自己的兴趣（与自己以后想从事的职业相关）。

发现自己的兴趣后，就需要对自己的方向进行定位，在必要的时候可以在大学调整自己的专业，以免在求职时受阻。

在给自己定位后，就需要对自己的人生或职业进行规划，这样自己才会有重点，利用大学有限的时间和精力来钻研自己感兴趣的专业，掌握专业知识，进而塑造自己。

3. 软学习——时间管理、为人处世

大学期间，很多人会因为蹉跎度日而感到空虚，因为碌碌无为而感到惶恐，归根到底还是没有管理好自己的时间。时间的重要性其实每个人都懂，但需要科学的管理，自己才会充实。下面列举几点学习方法和学习计划。

1）将自己每天要做的事情在便笺上罗列出来，按重要程度进行排序，写在便笺上。

2）按照重要程度将自己的事情一件件处理，处理完的在便笺上划掉。

3）晚上利用一点时间反思当日所做之事。

坚持日事日毕、日思日睿，自己才会每天进步，进而逐步形成一种习惯，潜意识地约束自己。在生活中，为人处世一定要记住"存在就是合理"，以一种欣赏的眼光看待人或事，选择性吸收好的、摒弃坏的。为人处世毫无理论可言，需要靠自己以一种阳光的态度对待生活，慢慢发现。

（资料来源：王中华编著《大学生学习方法与指导》）

第二章
塑造你的大脑

我们的脑部重约3磅（1.36千克），但其消耗的能量比身体其他部位要高10倍，可以说是个"奢侈"的器官。大脑是已知宇宙中最复杂的设备，大脑神经元储存着我们所有的思想、希望和恐惧。

《脑的解剖概论》中对于大脑是这样定义的：大脑为神经系统的最高级部分，由左、右两个大脑半球组成，两半球间有横行的神经纤维相联系。近年来有研究指出，大脑两半球具有机能不对称性，右侧半球侧重于对空间的辨认、深度知觉、触觉、音乐欣赏等；左侧半球则在语词活动功能上占优势。

大脑的思维运动体现在每个半球的大脑皮层中，即神经细胞的细胞体集中部分。这是思维的器官，主导机体内的一切活动过程，并调节机体与周围环境的平衡。随着新的光学成像技术的出现，单个神经元之间的连接——突触可以被观测到，而神经细胞的信息传递通道——神经轴突网络，则与人类的记忆力有着千丝万缕的联系，神经轴突网络越多、越活跃，记忆就越牢固。

大脑与身体的其他器官不同，它具有一种特殊的能力，会随着时间自动发生改变，这是一种名为神经可塑性的特性——大脑内部的神经关联能够不断做出改变或调整，从而使大脑能够适应各种新环境或突发情况。新突触的形成伴随着旧突触的消失，睡一觉甚至打个盹，我们就不再是原来的那个自己了。所以，尽管随着年龄的增大，大脑的确会出现种种衰老的迹象，但由始至终，它从未丧失学习和自我完善的能力，我们仍然能够扩张大脑内的脑细胞网络，我们把这个网络称为神经元突触，它的作用就是连接各个神经元。神经元突触的生长与年龄无关，换言之，哪怕我们已经是古稀老人，只要我们能够给大脑以足够的刺激，大脑当中的神经元突触就会始终保持生长的状态，只要它能保持生长，大脑就能重新恢复年轻的状态。

所以，思维和记忆的发展除了与营养、先天遗传、经验、年龄有关，还取决于后天的训练。大脑细胞遵循着用进废退的原则，接受的练习越多，思维反应越快、记忆效果越好、衰老就越慢。后天的脑部训练，可以帮助人们改变思维、增强记忆，同时对大脑皮层负责动作和语言记忆的部分形成反复刺激，增强动作和语言的记忆力。大脑的进化使我们能驾驭复杂的环境，且大多数繁重的工作是在潜意识层面完成的。研究潜意识的心理学家已经发现，影响大脑运作的因素包括思考过程、记忆、情绪和动机等。

所以，接下来我们将从思维、记忆和组块三个方面对于大脑的运作进行详细论述，以便更好地进行大脑的训练，学会如何学习。

第一节　改变思维

同学们知道吗，在篮球运动刚刚诞生的时候，篮板上固定的是真正的篮子。每当球投进的时候，就有一个专门的人踩在梯子上把球拿出来。为此，比赛不得不断断续续地进行。为了让比赛更顺畅地进行，人们想了很多取球方法，都不太理想。有位发明家甚至制造了一种机器，在下面一拉就能把球弹出来，不过这种方法仍然没能让篮球比赛紧张激烈起来。

终于有一天，一位父亲带着他的儿子来看球赛。小男孩看到大人们一次次不辞劳苦地取球，不由大感不解：为什么不把篮筐的底去掉呢？大人们如梦初醒，于是才有了今天我们看到的篮网样式。

这个故事中的小孩运用了创新性思维。既然要改变思维，那就要先了解思维的相关理论知识。下面，我们从思维的定义、分类和运作形式等方面来了解思维的内涵，继而学会在学习的过程中改变和运用思维。

一、思维的内涵

柏拉图曾经说过："思维是灵魂的自我谈话。"在学术定义上来解释"思维"这个名词，即人脑借助于语言对事物的概括和间接的反应过程，思维以感知为基础又超越感知的界限。通常意义上的思维，涉及所有的认知或智力活动，它探索与发现事物的内部本质联系和规律性，是认识过程的高级阶段。简而言之，就是人用头脑进行逻辑推导的属性、能力和过程。

在学习中，根据思维不同角度，可以将思维分为以下几种类型。

1）根据思维的形态，思维分为直观动作思维、具体形象思维、抽象逻辑思维。

直观动作思维是指在思维过程中要以具体、实际动作作为支柱而进行的思维。这种思维所要解决的任务目标一般总是直观的、具体的。幼儿通过掰手指数数、修理工人一边操作一边思考等，体现的都是直观动作思维。

具体形象思维是指在思维过程中借助于直观形象和表象而进行的思维过程。作家塑造的人物形象，画家创作的一幅画，都需要在头脑里先构思这个人物或这幅图画的画面，这种构思的过程是以人或物的形象为素材的，所以是具体形象思维。

抽象逻辑思维是指在思维过程中以概念、判断、推理的形式来反映事物本质属性和内在规律的思维。概念是这类思维最本质特征，也是人的思维和动物心理的根本区别。学生在学习有关动物知识时，能够通过鹦鹉是卵生的、鸽子是卵生的，鹦鹉和鸽子都属于鸟类，推理得出鸟类是卵生动物，这体现的就是抽象逻辑思维。

2）按照探索问题答案的不同，思维分为辐合思维和发散思维。

辐合思维又叫求同思维、集中思维、聚合思维，是指人们解决问题时按照已知的信息和熟悉的规则，将思路集中到一个方向，从而形成唯一确定答案的思维。在数学解题中利用公式解题、按照说明书把购买的电子产品的各种性能调试出来等，都是辐合思维。

发散思维又称求异思维、分散思维，是指人们解决问题时，思路向各种不同的方向延伸，从而求得多种答案的思维。例如，让学生思考杯子的多种用途，体现的就是发散思维。

3）按照思维是否具有创造性，思维分为再造性思维和创造性思维。

再造性思维也称常规思维,是人们运用已获得的知识经验,按现成的方案和程序,用惯用的方法、固定的模式来解决问题的思维方式。例如,学生用同样的勾股定理去解相似的数学题目。

创造性思维是指用新颖、独创的方法去解决问题的思维方式,强调用新的方法解决问题。例如,司马光砸缸就是用新的方式解决问题,体现了创造性思维。

在本书中,我们对于思维的分类主要集中于专注模式(Focused Mode)和发散模式(Diffuse Mode)。专注模式是指注意力高度集中,利用理性、连贯、分解的途径直接解决问题,也就是我们在学习过程中集中注意力、全身心投入去解决相关问题,这会让我们拥有高效率,但当解法或者灵感不能通过专注实现时,就需要发散模式来调节。发散模式是指放松注意力,大脑处于松弛状态,思维处于宏观视角,为我们提供灵感。发散模式能让学习更有深度和创造力。专注模式倾向于固定的路径,重复已经成功过的想法(走老路,思维定式),发散模式喜欢让每一个想法经历一场长途跋涉,从而创造出不同的解决方法。专注模式与发散模式示意如图 2-1 所示。

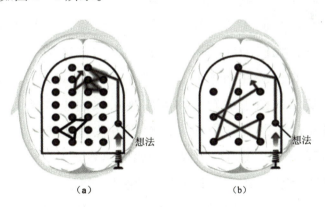

图 2-1 专注模式与发散模式示意
(a) 专注模式;(b) 发散模式

专注模式学习的重要部分是让注意力把大脑各个部分连接在一起,但注意力触手会在紧张状态下失去部分连接能力,这就是当我们在愤怒、紧张或害怕时,总觉得脑袋不够用的原因。在学习中,思维定式会将我们局限在一种方法之中，无法跳出来去寻求更加简单有效的解决途径。而我们目前的学习内容都有大量的重复和死记硬背环节，这是专注模式下的学习。如果做作业和考试时，接受大脑中的第一个想法，会有碍于我们另觅佳径，要解出难题或是学会新概念，至少要有一个我们在无意识思考的时间段，这时就需要更多发散模式的学习。

可以用弹珠游戏来比喻这两种思考模式。想象一下，从头顶俯看大脑，松开思维的按钮，它就像弹珠一样在大脑间弹跳。当我们处于专注模式时，弹珠的弹跳路径是固定的，这样在遇到熟悉的问题时，可以快速高效地解决。已熟知的思维模式可能包括一些简单的、类似数字相加，或者更复杂的想法，抑或类似文学评论、电磁流量的计算等；当我们想到一个点子，它就会像弹珠一样嘭的一声发射出来，然后平缓地向前移动。这个过程就是我们找到解决问题的思路，因为这些都是与之前熟悉的事物相联系的，所以思路相当顺畅。但是如果我们正在思考的问题需要新的点子或解决办法，就需要一些从未想到过的概念。

这时，要开启一个新的思维模式，需要一个不同的思路——发散模式。当我们处于发散模式时，弹珠的弹跳范围拓展到固定路径的周边，这就会让我们在遇到新的问题时，产生新的解决办法。在发散思维模式下，我们可以更概括地看待事物。这是一种完全不同的全景视角，随着想法在新通道间穿梭，可以建立起新的神经连接。发散思维是我们试图了解新事物时应该采取的思维模式，我们不用像以前那样专注于落实某个问题的解决方法或者理解概念中最细微的方面，但至少可以找到一个解决问题的出发点。

目前神经学家所知，专注模式与发散模式只能单独存在，不能同时使用。这有点像一枚硬币，我们一次只能看到它的其中一面。在一个模式中思考，会限制了转换另外一个思维模式的通道。

学习的时候，如果专注、拼命学习，一段时间后休息一下或者至少稍稍将注意力转移到其他东西上，在这段表面上是放松的时间里，我们大脑的发散模式就有机会在后台完成对概念的理解。从某种意义上说，我们的神经通路就可以像砂浆一样有固化的机会。如果不这么做，而是进行填鸭式学习，知识库看起来将会像杂乱不堪、基础不牢靠的泥堆。所以要强调的是，当学习一些新的东西，尤其是比较难的东西的时候，我们的大脑需要有在两种学习模式之间来回转换的能力，这能帮助我们更高效地学习。

二、思维的运作过程

思维是人类所具有的高级认识活动。按照信息论的观点，思维是对新输入的信息与脑内储存的知识经验进行一系列复杂心智操作的过程，具体过程如下：

1. 分析与综合

分析与综合是最基本的思维活动。分析是指在头脑中把事物的整体分解为各个组成部分的过程，或者把整体中的个别特性、个别方面分解出来的过程；综合是指在头脑中把对象的各个组成部分联系起来，或把事物的个别特性、个别方面结合成整体的过程。分析和综合是相反而又紧密联系的同一思维过程不可分割的两个方面。没有分析，人们不能清楚地认识客观事物，各种对象就会变得笼统模糊；离开综合，人们则对客观事物的各个部分、个别特征等有机部分产生片面认识，无法从对象的有机组成因素中完整地认识事物。

2. 比较与分类

比较是在头脑中确定对象之间差异点和共同点的思维过程；分类是根据对象的共同点和差异点，把它们区分为不同类别的思维方式。比较是分类的基础，在认识客观事物中具有重要意义，只有通过比较才能确认事物的主要和次要特征、共同点和不同点，进而把事物分门别类，揭示出事物之间的从属关系，使知识系统化。

3. 抽象和概括

抽象是在分析、综合、比较的基础上，抽取同类事物共同的、本质的特征而舍弃非本质特征的思维过程；概括是把事物的共同点、本质特征综合起来的思维过程。抽象是形成概念的必要过程和前提。

三、如何改变思维

萨尔瓦多·达利（Salvador Dalí）是 20 世纪著名的超现实主义画家，他曾用一种很有意思的方法来创作那些创意无限的超现实派画作。他会坐在椅子上，放空自己的大脑，并会漫无目的地思考之前的工作，同时手拿一把钥匙晃来晃去。当他进入梦乡的时候，钥匙会从手里摔到地上，发出嗒的一声把他叫醒。这样，他就能把脑海中那些在发散模式下得到的联想和点子及时地收集起来，然后带着这些在发散模式下得到的新想法回到专注模式里去。

无独有偶，托马斯·爱迪生（Thomas Edison）在思维受到局限时会坐在椅子上休息，同时手上抓几个滚珠轴承。他会放松自己的身体和意识，并以更为放松的方式回想之前的工作。当爱迪生睡着的时候，那些滚珠轴承就会掉到地上，发出嗒的一声，和达利的钥匙一样，这样就会吵醒爱迪生，然后他就可以带着发散模式下得到的点子回到专注模式中。

同学们应该都听过《狼来了》的故事，同样的情景也发生在内蒙古的一个农村。一个夏天的上午，一个男孩在村边割草时被两只狼围困住了，两狼一前一后，虎视眈眈。男孩很害怕，他想求救，但他知道，此时求救是徒劳的，因为村里的青壮男女都到田里干活去了，只剩下一些老人和孩子。如果喊狼来了，喊破喉咙他们也不敢出来。这个时候该怎么办呢？孩子急中生智，大声喊道："耍猴了，耍猴了。"那时候农村没有什么娱乐活动，耍猴颇受村民们喜爱。果然，听到喊耍猴，村子里的老人和孩子都跑过来。两只狼一看这阵势，马上夹着尾巴落荒而逃。聪明的孩子让思维拐了个弯，成功化解了自己面临的危机。

在北方的某个城市里，一家海洋馆开张了，50 元一张的门票令那些想去参观的人望而却步。海洋馆开馆一年，简直门可罗雀，最后，急于用钱的投资商以低价把海洋馆脱手，回了南方。新主人入主海洋馆后，在电视和报纸上打广告，征求能使海洋馆起死回生的金点子。一天，一个女教师来到海洋馆，她对经理说她可以让海洋馆的生意好起来。按照她的做法,一个月后,来海洋馆参观的人天天爆满,这些人当中有三分之一是儿童,三分之二则是带着孩子的父母。三个月后,亏本的海洋馆开始盈利了。其实,海洋馆打出的广告内容很简单,只有12个字:儿童到海洋馆参观一律免费。

让思维去转弯,是一种大智慧,那在学习之中的我们,如何学会让思维转弯呢?

当我们在全神贯注地学习、钻进学习的死胡同时,需要的是放松自己,进入发散模式,获取新的灵感。去健身房锻炼、跳舞、踢足球、打篮球、慢跑、散步、游泳、开车兜风、绘画涂鸦、泡澡、听音乐,尤其是听纯音乐、冥想、祷告、睡觉等,都是激活发散思维的好方法。

人生处世如行路,常有山水阻身前。行不通时,有些人开山架桥,最后力气耗尽,逃不脱"出师未捷身先死"的结局;而有些人只是转了个弯,轻松绕过障碍,就成功地到达了终点。我们很多时候需要转弯的思维,让思维转弯,是一种大智慧,有了这种智慧,四两可以拨千斤,弱小可以战胜强大,失利可以变为有利,能够以最小的代价获得最大的成功。

该你试试了

思维转换

从专注思维到发散思维的切换对于大部分人来说还是比较容易的,可以采取运动、洗澡、听音乐、冥想或者是睡觉等方式。而从发散思维到专注思维的切换相对来说费力得多,在这里列举几个方法。

方法一:番茄时钟法。番茄时钟法的关键之处在于,它关注过程而不是结果。我们在面对一些难题时往往思绪无法集中,仅仅是因为对结果过分关注,满脑子想着完成之后怎么怎么样或者是完成不了怎么怎么样。设定番茄时钟,在 25 分钟内仅仅关注过程,思考当前完成到哪一步、下一步该怎么做,从而把有限的注意力集中于当下的任务中。

方法二:微型任务法。写下三个在几分钟之内就能完成的"微型任务",专注于手头上列出的一个接一个的微型任务。通过完成这三个简单的任务(这个过程其实是一种积极反馈的过程)循序渐进地进入专注的状态。

方法三：计划日志法。把事情分解成多个短时间的安排（每个短时间多长合适，则以你能保持专注的平均时间为准）。例如，想看一本书，那么你可以分为十部分，保证看每部分都能保持较高的专注水平。过程可能会比较慢，但是这个过程远比囫囵吞枣要更有收获。

方法四：积极暗示法。在开始做某一件事情时，固定一个比较仪式化的方式。比如，要进入运动状态就先穿上运动服，并且在过程中不断鼓励自己。

第二节　增强记忆

当代文豪茅盾能背诵《红楼梦》，有人不信，一次趁与几个朋友聚会之际，请茅盾背诵。茅盾欣然答应，那人随便点了一回，茅盾果然滔滔不绝地背了一遍。

一个正常人一生中记忆的总容量，相当于国家图书馆容量的50倍，差不多5亿册书的信息。每个人的记忆潜能是非常大的。10～17岁是记忆力旺盛的时期，18岁时达到记忆力发展的最高峰。记忆其实并不神秘，关键在于学习、训练，大脑就像肌肉，越练越神奇。知识在学习、训练中获取，能力在学习、训练中提高，目标在学习、训练中实现。

一、记忆的内涵

记忆是人脑对经验或事物的识记、保持、再现或再认，它是进行思维、想象等高级心理活动的基础。人类记忆与大脑海马结构、大脑内部的化学成分变化有关。

记忆作为一种基本的心理过程，是和其他心理活动密切联系着的，是人们学习、工作和生活的基本机能。把抽象无序转变成形象有序的过程，是记忆的关键。例如，想要学一门语言，最好的方法是在纯种的语言环境中耳濡目染。当小孩子刚开始学说话的时候，比如第一声学叫

"妈妈",是学着叫的,神经元被激活,并发放信号点亮下游的神经元,整条环路都在闪闪发光,这一声"妈妈"和母亲的笑脸关联在一起,不断加固,这条被激活的神经环路就是一条记忆痕迹,并与许多相关的记忆痕迹联结在一起。

对记忆进行分类,主要从内容和保存时间方面进行区分。

1. **根据记忆的内容分类**

根据记忆的内容,可以把记忆分成四种。

1)形象记忆。这是以感知过的事物形象为内容的记忆。这些具体形象可以是视觉的,也可以是听觉的、嗅觉的、触觉的或味觉的,如人们对看过的一幅画或听过的一首乐曲的记忆。这类记忆的显著特点是保存事物的感性特征,具有典型的直观性。

2)情绪记忆。这是以过去体验过的情绪或情感为内容的记忆。如,学生对接到大学录取通知书时愉快心情的记忆等。人们在认识事物或与人交往的过程中,总会带有一定的情绪色彩或情感内容,这些情绪或情感也成为记忆的内容而被存贮进大脑,成为人的心理内容的一部分。情绪记忆往往是一次形成而经久不忘的,对人的行为具有较大的影响作用。如教师对某个学生的第一印象会在很大程度上影响对该生的态度、行为,就是因为这一印象与情绪相连。情绪记忆的映象有时比其他形式的记忆映象更持久,即使人们对引起某种情绪体验的事实早已忘记,但情绪体验仍然保持着。

3)逻辑记忆。这是以思想、概念或命题等形式为内容的记忆。如对数学定理、公式、哲学命题等内容的记忆。这类记忆是以抽象逻辑思维为基础的,具有概括性、理解性和逻辑性等特点。

4)动作记忆(运动记忆)。这是以人们过去的操作性行为为内容的记忆。凡是人们头脑中所保持的做过的动作及动作模式,都属于动作记忆。如上体育课时的体操动作、武术套路,上实验课时的操作过程等,都会在头脑中留下一定的痕迹。这类记忆对于人们动作的连贯性、精确性等具有重要意义,是动作技能形成的基础。

以上四种记忆形式既有区别,又紧密联系在一起。如动作记忆具有鲜明的形象性；逻辑记忆如果没有情绪记忆，其内容很难长久保持。

2. 根据记忆的保存时间分类

根据记忆的保存时间，可以将记忆分成三种。

1）瞬时记忆。瞬时记忆又叫感觉记忆，是指作用于人们的刺激停止后，刺激信息在感觉通道内的短暂保留。信息的保存时间很短，一般在 0.25～2 秒。瞬时记忆的内容只有经过注意才能被意识到，进入短时记忆。

2）短时记忆。短时记忆是保持时间在 1 分钟之内的记忆。据 L. R. 彼得逊和 M. J. 彼得逊的实验研究，在没有复述的情况下，18 秒后回忆的正确率就下降到 10% 左右；如不经复述在 1 分钟之内记忆就会衰退或消失。有人认为，短时记忆也是工作记忆，是一种为当前动作而服务的记忆，即人在工作状态下所需记忆内容的短暂提取与保留。短时记忆的内容一般要经过复述才能进入长时记忆。

3）长时记忆。长时记忆是指信息经过充分的和有一定深度的加工后，在头脑中长时间保留下来的记忆。从时间上看，凡是在头脑中保留时间超过 1 分钟的记忆都是长时记忆。长时记忆的容量很大，所存贮的信息也都经过意义编码。我们平时常说的记忆好坏，主要是指长时记忆。

瞬时记忆系统、短时记忆系统和长时记忆系统虽有各自的信息加工特点，但从时间衔接看是连续的，关系也是很密切的。

而在本书中，我们主要针对长期记忆和工作记忆这两种记忆类型进行学习。

当回忆数学方程组时，我们使用的是长期记忆；当尝试结合脑海中的想法来理解某一概念或解决某一问题时，我们使用的是工作记忆。工作记忆和长期记忆是两种主要的记忆系统，工作记忆是大脑在即时且有意识地处理信息时所涉及的那部分记忆；长期记忆就像一个储存仓库，储存着我们学习任何科目都需要的基本概念和技巧。当遇到新事物时，我们通常会运用工作记忆来处理它，它分布在很大的空间中。不同的长期记忆储存在大脑的不同区域。研究表明，当我们首次尝试将一段短期记忆转入长期记忆中时，需要一些时间和练习的过程，需要多次回顾以增加需要时找到相关信息的概率，这一过程被称为再巩固。间隔重复的技巧可以促进这一过程。

二、记忆的环节

想象一下,如果我们无法学习新东西会怎么样?我们既不能记住刚认识的人,也无法记住对方说的话。在记忆的研究史上真有这样一位著名的病人,他名字的缩写是HM。在27岁那年,HM为治疗癫痫而做了手术,取出了大脑两侧的海马体。HM的手术很成功,癫痫被成功治愈,但代价却十分沉重:HM再也无法记住新的东西,他彻底失忆了。不过奇怪的是,HM可以和人们正常对话,但如果对方离开房间几分钟,他便无法记起刚才的对话。人们遇上严重的脑震荡时,会产生相似的情况,一般来说会恢复正常,不会像HM一样永远无法好转。

在学习和事实事件的记忆上,海马体在整个大脑系统中有重要的作用。没有了海马体和它的信息输入,就不可能在大脑皮层中储存新的记忆,而记忆巩固的过程则要花上很多年。HM可以记起儿时发生的事情,但不能顺利回忆手术前几年的事情,因为那些记忆在大脑里还没完全巩固。

记忆的基本过程是由识记、保持、回忆/再认三个环节组成的。识记是记忆过程的开端,是对事物的识别和记住,并形成一定印象的过程;保持是对识记内容的强化过程,使之能更好地成为人的经验;回忆/再认是对过去经验的两种不同再现形式。记忆的基本环节如图2-2所示。

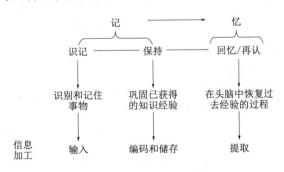

图2-2 记忆的基本环节

要学会运用记忆,最主要的就是要了解记忆的运作模式。

1. 识记

识记是指通过对事物的特征进行区分、认识并在头脑中留下一定印象的过程。对事物的识记有些通过一次感知后就能达到,而大部分内容则需要通过反复感知,使新的信息与人已有的知识结构形成联系。识记作为记忆过程的第一环节,对记忆效果具有非常重要的作用。因此,了解、掌握识记规律,有助于改善记忆。

1)根据识记是否有目的,可以把识记分为无意识记和有意识记。

①无意识记:是指没有预定目的,在识记过程中也不需要做一定的意志努力、自然而然发生的识记。如看过的电影、戏剧,听别人讲过的故事,以及我们经历过的某些事,感知它们时并没有识记的意图,但这些内容以后能重新出现在脑海里,对这些内容的识记就是无意识记。

无意识记的内容是构成经验的重要部分,对心理活动及行为也有明显的影响。无意中所经历的事情,在我们有意识地面临某些情境、处理某些问题时,能作为已有经验起帮助作用。在日常生活中,人们所处的环境、所接触的人、所做的工作,会使人受到潜移默化的影响,在心理、行为上发生变化。

无意识记带有极大的选择性。一般来讲,进入无意识记的内容有两个特点:一是作用于人们感觉器官的刺激具有重大意义或引人注意,如人们对新奇的事物会比较有印象;二是符合人的需要、兴趣以及能产生较深刻情绪体验的内容,如参加高考时的情境、第一天到大学报到的情境等。无意识记对人们知识经验的获得有积极作用,但是,无意识记不能保证学生获得系统的文化科学知识,因此,在学习过程中,大量的识记内容应通过有意识记来获得。

②有意识记:指有预定目的,在识记过程中要做一定的意志努力的识记。有意识记过程是在识记目的支配下进行的。识记的目的性决定了识记过程是对识记内容的一个积极主动的编码过程,这种编码包括"识记什么"和"怎样识记","识记什么"确定识记的方向和内容,"怎样识记"是采取什么方法才能更好地记住内容。学生在听课过程中的识记

就是由这两部分组成的,每节课都有一定的教学目的、任务。教师一般会先作交代,使学生产生识记意图、以一种积极的心态识记新知识。为了更好地记住教师所讲内容,有些同学采取专心致志地听,即用心记的方法,有的同学采取心记与笔记相结合的方法等。

人们的全部知识经验就是通过有意识记和无意识记的方式获得的。不过,就识记效果而言,有意识记优于无意识记。作为学生,了解识记的这一规律,有助于在学习过程中加强学习目的性,更合理地完成任务,以达到良好的学习效果。

2)根据识记时对材料是否理解,可以把识记分为机械识记和意义识记(理解识记)。

①机械识记:是指在材料本身无内在联系或不理解其意义的情况下,按照材料的顺序,通过机械重复方式而进行的识记,如对无意义音节、地名、人名、历史年代等的识记。这种识记具有被动性,但它能够防止对记忆材料的歪曲。对于学生而言,这种识记也是必要的,因为有一部分学习内容的确需要精确记忆,如山脉的高度、河流的长度等;也有些内容,限于学生的知识经验,目前不可能真正理解其意义,但这些知识对以后的学习是重要的,也应该进行机械识记,如一、二年级的小学生背诵乘法口诀。实际上,纯粹的机械识记是很少的,人们在识记过程中,总是尽可能地把材料加以意义化。按照信息加工理论的观点,个人对任何输入的信息都要尽可能地按自己的经验体系或心理格局来进行编码,如记电话号码,并不是单纯重复记忆,而会利用谐音或找规律等方式使之意义化。

②意义识记(理解识记):是在对材料内容理解的基础上,通过材料的内在联系而进行的识记。在意义识记中,理解是关键。理解是对材料的一种加工,它根据人的已有知识、经验,通过分析、比较、综合来反映材料的内涵以及材料各部分之间的关系。由于意义识记需要消耗较多的心理能量,与机械识记相比,它是一种更复杂的心理过程。意义识记应该是学生识记的主要形式。

2. 保持

此处重点讲"遗忘"。保持的对立面就是遗忘,是指识记过的材料不能回忆和再认，或者回忆和再认有错误的现象。按照信息加工的观点，遗忘过程在记忆的不同阶段都存在。遗忘基本上是一种正常、合理的心理现象，因为感知过的事物没有全部记忆的必要，且识记材料具有时效性，是人心理健康和正常生活所必需的。

遗忘虽是一种复杂的心理现象，但其发生发展也是有一定规律的。德国心理学家赫尔曼·艾宾浩斯（Hermann Ebbinghaus，1850—1909）最早进行了这方面的研究，绘制出了遗忘曲线，反映遗忘变量和时间变量之间的关系。该曲线表明了遗忘的规律：遗忘的进程是不均衡的，在识记之后最初一段时间里遗忘量比较大，以后逐渐减小，即遗忘的速度是先快后慢的。

3. 回忆/再认

回忆是在一定诱因的作用下，过去经历的事物在头脑中的再现过程。如在回答教师的提问时，学生要把头脑中所保持的与该问题有关的知识提取出来，这种提取过程就是回忆。再认是过去经历的事物重新出现时，能够被识别和确认的心理过程。

1）回忆可以分为两大类

①根据有无目的性可以把回忆分为有意回忆和无意回忆。有意回忆是指在预定目的的作用下对过去经验的回忆，如对考试内容的回忆；无意回忆是没有预定目的，自然而然发生的回忆，如触景生情等。

②根据有无中介因素参与回忆过程，可把回忆分为直接回忆和间接回忆。直接回忆是由当前事物直接唤起的对旧经验的回忆；间接回忆是借助中介因素而进行的回忆。从难度上看，间接回忆比直接回忆难度要大。

2）在再认过程中，不同的人对不同材料的再认速度是不一样的，这和影响再认的因素有关。

①原有经验的巩固程度。如果过去经验很清晰、准确地被保持，则再次出现时，一般能迅速、准确地予以确认；如果过去经验已经发生了泛化现象，就容易发生再认错误。

②原有事物与重新出现时的相似程度。相似程度越高，再认越迅速、

准确;相似性越差,再认越困难、缓慢,出现再认错误的可能性越大。

③个性特征。个性特征不同,人的心理活动速度和行为反应的快慢也不同。心理学家曾通过实验证实,独立性强的人和依附性强的人的再认有明显的差异。当再认出现困难时,人们常常要寻找再认的线索,通过线索达到对事物的再认。线索是再认的支点,如对久别重逢的朋友的再认,一般要以身体的某些特征作为再认的线索。

记忆过程中的这三个环节是相互联系、相互制约的。识记是保持的前提,没有保持也就没有回忆/再认,而回忆/再认又是检验识记和保持效果好坏的指标。由此看来,记忆的这三个环节缺一不可。记忆的基本过程也可简单地分成"记"和"忆"的过程,"记"包括识记、保持,"忆"包括回忆/再认。

而记忆的关键是组块。过去曾认为,工作记忆可以储存约七个组块,但最新的共识是工作记忆只能储存约四个组块的信息,但大脑会自动将记忆项合并为组块的形式,所以工作记忆比实际容量要大。

研究表明,使用记忆宫殿、速记卡软件 Anki 等技巧的学生表现优于不用的学生。记忆工具可以加速组块化和构建全局观,帮助人们拓展工作记忆,更容易形成长期记忆。而且,记忆的过程也会变成一种创造力训练,越是运用这种创新方式来记忆,就越有创造力;这是因为我们提前为将来的联结创造了意想不到的可能。

三、如何增强记忆

德国心理学家艾宾浩斯一生致力于有关记忆的实验心理学研究。他曾经做了一个非常著名的实验:选用一些没有意义的音节、毫无规律的字母组合,如 asww、cfhhj、ijikmb、rfyjbc 等,通过自我测试,得到了一些数据;然后,又根据这些数据点,描绘出一条曲线,这就是非常有名的揭示遗忘规律曲线。该曲线对人类记忆认知研究产生了重大影响,人们可以从遗忘曲线中掌握遗忘规律并加以利用,从而提升自我的记忆能力。艾宾浩斯遗忘曲线如图 2-3 所示。

高效学习方法与技巧

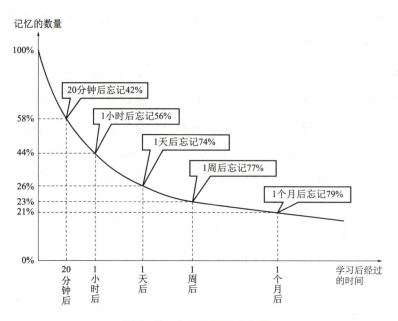

图 2-3 艾宾浩斯遗忘曲线

这条曲线告诉人们,在学习中的遗忘是有规律的,遗忘的进程很快,并且先快后慢。观察曲线,我们会发现:学得的知识在一天后,如不抓紧复习,就只剩下原来的 26%;随着时间的推移,遗忘的速度减慢,遗忘的数量减少。有人做过一个实验,两组学生学习一段课文,甲组在学习后不复习,一天后记忆率 36%,一周后只剩 13%。乙组按艾宾浩斯记忆规律复习,一天后保持记忆率 98%,一周后保持 86%,乙组的记忆率明显高于甲组。

针对遗忘曲线,我们有哪些好的方法让知识在脑海中保持得更久呢?综合来说侧重于两方面,一个是提取练习,就是将所学知识时常提取出来进行回忆,有效地加深神经环路的痕迹;另一个就是常练不忘,即对于所学的知识要时常进行练习,加深印象。我们在考试时经常会有这道题好像在哪见过却不记得答案的感觉,就是因为平时没有巩固所学知识,导致在关键时刻记忆不清晰。

专注的练习和重复是创造记忆痕迹的过程。第一次去理解一些东西时,形成的神经模式是很微弱的;但再次从头开始时,神经元模式开始加强;等到对问题非常熟悉时,就能完整而精确地在脑中重温每一个步骤，甚至把相关问题都练习到了。到了那时，在我们的脑海中会形成深色而稳固的神经元模式。练习可以帮助我们提高和增强学习过程中生成的神经连接，通过反复使用，形成的神经元相互连接。通过练习建立并加强的神经思维模式是真实、具体的，比如，乒乓球比赛中的各种球运行线路、篮球比赛中的投篮、乐器演奏中的手势，还有舞蹈中的动作等，都是重复了成千上万次才形成的。重复有助于将知识牢牢嵌入长时记忆。

不过，不断重复尝试记忆的内容，并不是指在一天之中重复多次，而是在几天里不定时重复，将重复的过程间隔开来。在几天内重复记忆一个问题的解决方法，比在一个晚上重复记忆 20 次相同内容的效果要好。这就像砌墙，如果不留足够的时间等灰浆变干，墙砌的就不会结实，即不等待突触连接的形成与强化，就无法获得好的记忆结构；又如同通过举重，不可能直到某次举重比赛的前一天，花一整天时间来进行魔鬼训练。想要获得肌肉和力量，就必须每天做训练，让肌肉和力量逐步增长。想要增强记忆，就需要每天做一点练习，逐步建立起支撑记忆的神经联结。每天做一点，这就是关键所在。这也解释了为什么分时段学习比一次性学很多更有效。

在初次记忆时，所有内容都记住以后，先将它们放在一旁，等一段时间，可以是到临睡觉前再拿出来回想一下。随后几天，把这些要记住的内容简要重复一番，每天早上或者晚上花几分钟时间就行。随着记忆在脑海中渐渐加深，逐渐延长两次重复之间的间隔时间。随着对知识的掌握越来越牢固，复习的间隔也越来越长，那些知识便会牢牢扎根在脑海中。

我们列举了以下学习记忆方法，希望对同学们有所帮助。

从时间安排方面讲，复习与自测可以定期进行，也可以随时进行。复习与自测可以结合进行，对学过的知识，一段时间后先自测一下，不会的或记得不牢的再进行重点复习。

1. 复习

及时复习，可以抓住记忆的最好时机；经常自测，可以弄清哪些知识没学好、没记住，哪些地方容易混淆，以便马上核实校正。

2. 自测

经常自测可以培养随机应变能力。在考试中，考题往往变换了角度，与原来学习时大不一样，如果经常运用自我测验法，对所学知识从多方面理解消化，必然会胸有成竹，临阵不慌。

1）日测。每晚睡觉前，将当天所学的知识择其要点进行复述，如果条件不允许，默写提纲或默想。

2）周测。星期天休息时，可将一周所学课程的内容换个角度提出问题，写在一张纸上进行测验。发现存在疑难或模糊之处，马上解决，绝不拖欠。

3）单元测验。一个单元学完了，可以进行自测，以便了解这个单元有哪些主要内容，学完有什么收获，从而及时消化、巩固记忆。

4）全书测验。一本书学完后，可以翻开目录，逐章回忆内容。在单元测验的基础上，全书测验就问题不大了，如果没有时间，可以挑选重要内容先进行测验。

5）随时测验。随时随地测验自己。这种方法用来学外语是行之有效的。可先准备一些卡片，正面写上5个外语单词，背面写上5个相应的汉语词汇，揣在兜里随时自测。

自测的方法有两种：一是朗读法。在不妨碍别人的情况下，可以看外语念汉语，看外语念汉语，实在想不出时再翻过来看一看。二是学写法。学外语不书写是很难记牢的，况且不练书写便无法进行笔译。我们可以通过看卡片上的汉语写出相应的外语单词来练习。比如，在开会前、在排队时，可以用手指朝下在空中写。不带卡片也可以随时自测，看到什么事物，就试着用外语表述出来，或者在头脑中默念，这样既利用了点滴时间，又会收到分散复习的好效果。

3. 其他回忆方法

学生还可以采取尝试回忆、交谈争论、设问自答、对他人试讲、实践检验等形式进行回忆，避免遗忘。

1）尝试回忆。尝试回忆就是在头脑中把学过的知识回想一遍，有人称之为"过电影"。这是逼自己专心致志去动脑筋思考的方法。心理学实验表明，尝试回忆比单纯的反复识记效果好。有这样一个实验：让两组应试者同时识记同样的课文，第一组阅读与尝试回忆相结合，第二组则用全部时间反复阅读。结果，立刻测验和 4 小时后测验，第一组都比第二组效果好。那么，阅读和回忆的时间应该怎样掌握呢？实验表明，用于尝试回忆的时间越多，成绩就越好。具体做法是，在阅读或朗读到一定程度以后，合上书试忆，凡模糊的地方立即与原文核对，也可以在读书后的一段时间里，试着记忆应该记住的具体内容。这时，试忆者会处于积极的精神状态，不但注意力集中，而且兴趣盎然，同时，经过校对核实，能够及时了解自己的薄弱点，以便着重记忆那些生疏的材料。

2）交谈争论。交谈争论即对所学习的知识进行争论探讨。庄子说"知出乎争"，这是很有道理的。交谈争论，旨在阐述自己的观点，对客观事物、客观现象加以说明。交谈，就要了解对方的意见，从中可以得到启示；争论时，容易使自己知识结构中的薄弱环节暴露出来。在交谈争论的过程中，双方都会加深印象，错误的地方得到了纠正，正确的地方得到了承认，记忆得到了巩固。而且个人的接触面总是有限的，通过交谈争论，可以扩大视野，集思广益，增长知识和才干。许多名人乐于交谈争论，爱因斯坦最初钻研学问时，经常与索洛文、哈比希特等朋友在一起交谈争论，在朋友们的帮助下，爱因斯坦掌握了"黎曼几何"，为提出相对论打下了基础。交谈争论是测验自己、训练思维、深化记忆的有效手段。

3）设问自答。"假如我是老师，我将怎样出题考学生呢？我希望学生掌握哪些要点呢？"如果经常对自己提出一些问题，多种角度设问自答，会收到意想不到的效果。设问是个主要问题，必须经常琢磨设问的形式、设问的角度、设问的要求，这样才能奏效。

4）对他人试讲。列夫·托尔斯泰说过这样一句话："知识，只有当它靠积极的思维得来而不是凭记忆得来时，才是真正的知识。"准备讲的过程正是运用这种积极思维的过程。要讲给别人听，多数情况下要用自己的语言，而不能鹦鹉学舌似的背诵。这就要求我们不但知其然，而且知其所以然，不但要全面、熟练地掌握知识，而且要用自己的话表述出来。试着讲给别人听就是强迫自己弄懂那些似是而非的问题，使记忆得到巩固和增强。

5）实践检验。在实际工作、生活中经常运用的知识，记忆是深刻的。从神经生理机制方面来看，知识运用越频繁，大脑皮层留下的痕迹就越深刻，暂时的神经联系也就越牢固。运用的次数多了，学习者记忆的抽象信息符号与对应的实践活动之间，会产生紧密联系的第二信号系统的条件反射，记忆信息便容易提取出来。运用那些能有效提高记忆力的方法、技巧，可以使之更好地服务于我们的学习、工作、生活

该你试试了

记忆训练法

记忆力是每个人最基本的东西，很多人认为人的记忆力强弱和一个人的天赋有关，其实这种想法是错误的。世界上有很多的实验表明，人的记忆力好坏主要取决于后天的学习努力。

只有勤奋学习和不断改进学习方法的人，才会拥有超人的记忆力。下面就介绍几种关于记忆力的训练方法。

第一种：反复记忆法。

这是最常用的一种记忆法，通过死记硬背把知识牢记。不过这是一种需要反复去记忆的方法，因为这种死记硬背的方法，遗忘的速度也很快。我们第一天可以记住全部，第二天还可以记住一半，如果不反复巩固，最后就什么都不记得了。这种方法要经常复习，不断地去加深记忆。

第二种：数字记忆法。

可以确定一个记忆目标，这个记忆目标可以是日常所见的门牌号，也可以是朋友的手机号码。记这种号码如果不奏效的话，可以换记其他的数字。由于这种数字记忆法寻求联想目标是要费点时间的，所以要多多实践。

第三种：位置记忆法。

顾名思义，这个记忆法对空间的要求比较高，我们要把自己想记住的东西放到日常所熟悉事物的位置上，然后反复去记住这一物件。在运用这种方法的时候，我们把需要记忆的东西放到特定的位置上，然后对

其进行想象和感受,把这件东西和这个位置联想起来,这样就非常容易记住了。

第四种:睡眠记忆法。

睡眠记忆法就是我们在睡觉前把想记忆的内容背诵几遍。这样做是因为,在睡眠的时候会不断地加强记忆力。所以在睡觉前记一下所需要的知识,久而久之记忆力就会有所增强的。

总而言之,培养记忆力的方法有千万种,总会有一种是适合你的。就让我们一起好好学习,不断地去增强记忆力吧。

第三节　搭建组块

所罗门·维尼亚米诺维奇·舍雷舍夫斯基(Solomon Veniaminovich Shereshevsky,1886 – 1958)是20世纪初的一名记者,因其超强的记忆能力而知名。

所罗门的这种能力是在20世纪20年代中期,他作为记者参加某个新闻活动后被发现的。活动禁止参加人做任何笔记,但在活动后,他一字不差地回忆起讲话的内容。而他本人亦为别人的惊叹所诧异,他原以为这是人人都有的一种能力。

这引起了神经心理学家亚历山大·鲁利亚的注意,在长达30年的时间里,他对所罗门的记忆力进行很多研究和实验,证实所罗门确能在数分钟内记住复杂的数学公式、大型数字矩阵,乃至外语诗歌。在一个实验中,研究人员给所罗门出示了一张纸,上面写着一个由三十个字母和数字组成的复杂公式,然后把纸放在盒子里,将它封存起来。十五年后当他们取出那张纸,依然能够精确地回忆起来。亚历山大·鲁利亚的研究结果确定所罗门拥有一种非常强烈的通感特质,被称为"五类重叠通感",颜色、触觉、味觉等五种感官信号的每一种都能触发其他感觉。比如,他听到一个乐音就会同时感知到某种相应颜色,而碰触到某件东西就会引发味觉感受。

但值得一提的是，尽管所罗门能够回忆起所有细节，但他不能理解文字的含义，只是机械地记住了大量随机事实，更不用说里面所包含的隐喻。之所以会这样，是因为他的神经有缺陷，令他难以遗忘和选择，这就导致他的大脑难以区分优先次序，综合和控制自己的记忆。由于不能控制记忆，他能够记住所经历的事物，却不能感受更不能确切阐述对自我和世界的理解。

大家愿意成为这样拥有超强记忆却并不能进行组块的人吗？我想大家都是不愿意的，因为这样单纯的记忆是无意义的。这样的记忆对于学习并没有帮助，对记忆知识点也没有作用，只是能把生命中的事发生的时间、地点和经过如实记忆。

在这个身处信息洪流的时代，虽然我们需要广泛地涉猎新知，但在一定程度上，掌握获取知识的途径或许比死记硬背其知识本身更加有用。与此同时，我们亦要根据自己的兴趣、能力和对应知识的价值进行合适的选择，专注地投入某些领域，甚至成为这一方天地的精通者。

一、组块的概念

从神经科学来讲，组块是短时记忆容量的信息单位，指将若干单个刺激联合成有意义的、较大信息单位的加工过程，即对刺激的组织与再编码，因此，组块是加工处理若干刺激的意义单位。在心理学中为了方便记忆，我们把一些要记忆的东西加以分类或加工，使之成为一个小的整体，就称为组块。

美国心理学家乔治·米勒在1956年发表了研究报告《神奇的数字7+/-2：我们信息加工能力的局限》，确立了短时记忆的性质及其重要性。组块（Chunk）是米勒从短时记忆中信息加工的角度出发所提出的概念。记忆和组块都是对信息的输入与提取的能力。单纯的记忆所记得的信息可能是杂乱的，组块是更高一级的记忆，新的逻辑整体让组块更容易记忆，同时也可以更轻松地将组块整合到所学内容的大框架内。米勒发现，短时记忆的容量大概是7+2或7-2个组块单位，这个容量相对恒定，但组块的大小、复杂性却因人而异。

当我们第一次见到一个全新的概念时，它看上去并没有什么意义，就像一堆乱糟糟的拼图。在不加理解或不关注上下文的情况下，单纯的死记硬背并不能帮助我们理解其内涵和与其他所学概念之间的关联，那么这个概念拼图就没有可以拼合的边缘，无法关联到其他的拼图碎片，这个时候就需要组块帮助我们把分布于大脑不同区域里的信息联系起来。从神经科学的角度来看，组块就是通过应用或意义连接在一起的信息碎片集合，就像把一个电脑文件压缩成 Zip 文件。例如，序列 19973121130 由 11 个数字构成。记忆时，如果我们把它看成 11 个组块，必然会有一部分信息因为来不及保存而丢失，因为这超出了短时记忆的容量。但是，如果把 1997 看成年份，把 312 看成植树节，1130 看成上午十一点半，那么该序列就由原来的 11 个组块变成了 3 个。组块的数量明显减少了，记忆的效率也就大大提高。组块示意如图 2-4 所示。

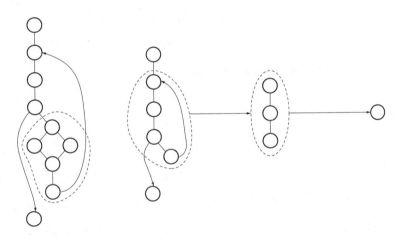

图 2-4　组块示意

由此可见，组块实际上是对信息的再加工和重组，它将较小的记忆材料整合成较大的记忆单元，扩大短时记忆的容量，提高记忆效果。因此，优化组块方式是记忆活动中最重要的方法，更是提高短时记忆水平的首要因素。

在任何领域获得专业知识的第一步都是创建概念组块，这种根据意义将信息碎片拼接起来的思维跃进，可以运用于所有人类能够掌握的领域，如运动、音乐、舞蹈等。从本质上来说，组块就是让多个神经元共同运作的网络，只有这样我们才能平稳有效地进行思考和完成动作。专注的训练和重复可以建立强的记忆痕迹，从而帮助创建组块，但仅仅通过练习和重复来创建组块，并不能得心应手并有创造力地运用它们。组块可以让我们的大脑工作得更有效，一旦我们把某个想法、概念或动作组块化后，就不再需要记住这个想法、概念或动作有关的全部细节，只需要知道最主要的那个概念就行了，也就是只需要记住组块。

二、组块搭建的步骤

我们在学习新知识时，就是在创造小的神经组块，以便之后能够将这些小组块组合成大组块，再将这些大组块组合成更复杂、更大型的组块，供随时使用。当我们首次尝试解决问题时会有很强的认知负荷，而一些例题和解决方法则大有帮助。示范性的例子能在起步时帮助理解，但不能千篇一律地像服从命令那样重复例题中的解法，而是要举一反三。重复练习之后，我们就可以独立完成任务了。

组块的搭建主要有以下四个步骤。

1）第一步，把注意力集中在需要组块的信息上。如果开着电视或者隔几分钟就玩手机回信息的话，就别想构建组块了，因为大脑根本没有真正专注于此。当我们着手开始学习新东西时既要创造新的神经模型，也要把新模型和遍布大脑各处的既有模型联结在一起，如果走神的话，神经的触手可就抓不紧了。很多同学比较浮躁，看书的时候感觉字从脑门上飘过去了，可能看很多遍都还没理解，这就是过度识记，因为没有沉下心将注意力集中在需要组块的信息上。

2）第二步，理解并将基本概念打包成组块。虽然素有"记忆大师"之称的所罗门对此感觉比较难，但大部分人能顺理成章地理解这些主要概念。理解力就像强力胶，把基础的记忆痕迹粘合在一起。所以，在学习新知识的时候老师要学生先理解概念。没有理解在先，就不能创造出新的组块。当然，在课堂上可能很快掌握了老师教授的概念，但如果课后不赶快复习，而是等到考前才复习，那这个之前掌握了的概念似乎又变得难以理解了。而且如果仅仅是理解了某问题的解决办法，也不足以创造日后能随时回想的组块，要多次持续地进行解题，才能提高在本阶段的学习效率。

3）第三步，获取基本信息，所要看的不仅是如何进行组块，还有何时何地使用它们。背景信息意味着要跳出初始问题，用更宽广的视角来看问题，在相关或不相关的问题上反复推敲、练习，更能理解组块的用武之地。

4）第四步，多加练习。练习就像是强力胶和针线，让各组块牢牢粘住的同时，优化组块之间的连接方式，使人能够更快地通过多种捷径调用组块。练习可以增加神经元网络的带宽，这样连接到组块的神经线路不仅稳固，而且会成为多条痕迹路径上的一站。在由下至上组块化的过程中，练习和重复能够帮助我们建立和强化每一个组块，这样我们就可以在需要它的时候使用它；自上而下的方法能够让我们清楚地看到正在学习什么以及它适用于哪里。就完全掌握知识而言，这两个过程都非常重要，背景认识就是这两个过程的交汇处。背景认识意味着学会在特定的时候使用正确的方法。这种从下至上的学习过程（搭建组块）和从上至下的学习过程（纵览全局），可以让我们对于学习掌握得更深刻、更长久。

总的来说，最好在精神高度集中的时候建立组块，理解基本的含义后，通过练习来真正掌握知识，并对情境有个大致了解。这是建立组块的基本步骤。

在睡眠时，大脑会重复之前的模式，并把零碎的信息整合起来。记忆巩固和再巩固都活跃在睡眠期间。绝对地清醒会让大脑产生有毒的物质，那大脑如何除掉这些有毒物质呢？当人们睡觉时，大脑细胞会收缩，从而增加脑内细胞之间的间隙，这就像疏通了一条河道，液体会在细胞空隙间流过，冲走有毒的物质。所以，睡觉看起来像是浪费时间，实际上是大脑保持清洁和健康的一种方式。

睡眠不足意味着大脑一直处于工作状态，以致少量代谢毒素残留在大脑之中，而这些有毒物质会让思维混乱。少睡一点点不止会让我们发挥失常，长时间的睡眠不足还会导致头疼、抑郁症、糖尿病、心脏类疾病，甚至寿命缩短。而良好的睡眠不仅会帮助我们祛除大脑中的有毒物质，更是记忆力和学习过程的重要部分。

研究表明，睡眠对解决困难问题和理解所学知识的能力有显著影响，当然前提是我们必须先通过做集中精力状态下的工作，在脑中搭建发散思维模型。睡觉时，大脑会在一定程度上将记忆整合成更易被掌握的组块信息，清除掉一些不太重要的部分，同时增强需要或想要记住的区域的记忆，还会将努力学习到的东西在神经中枢一遍遍排演以加深记忆，所以保持良好的睡眠对于学习是至关重要的。

三、组块的意义

1. 帮助更好地理解新概念

当新概念的内涵和外延已远远超过现有的理解水平时，我们首先需要进行减负，就是将各种概念进行拆解。比如，将吉他演奏技能拆分为指法、音符或者和弦等；将语言学习拆分为语音语调、拼写、语法等。通过拆分，我们更容易洞悉关键点，更迅速地理解并消化知识点。

可是，当概念被拆分过后，脑海里都是没有整体图案的碎片，因而大脑无法快速对这些缺乏联系的概念进行调用或者提取。这样的学习方式，其实就是在浪费时间和生命，以为学会的概念，一来不牢固，二来无法熟练使用，因为你不知道它们能用在哪里，能够怎么去运用。

所以，想要学习效果倍增，必须将被拆分的组块合并为更大的组块。这一合并的过程，就是组块化的过程，就是构建组块间连接的过程。将零散的信息或者概念或者小组块，打包成更大的组块，就像电脑里的压缩文件一般，将信息组成一个个更加适合记忆的组块，并且让信息更容易形成更大的组块，这样我们就可以更好地去理解更大范畴的信息。

2. 帮助更快速地解决问题

在刚开始学习开车时，需要调用方向盘、刹车、油门、离合四个组块的相关信息，同时还需要调用其他组块，比如观察等动作，所以刚学车的人容易慌乱，因为已经达到了脑的工作极限，无法在同一时间处理多种动作，就有可能出现在挂挡时忘了踩离合，或在拐弯时忘了打转向灯。而经过多次练习之后，一个组块中就包含着方向盘、刹车、油门、离合等相关信息，那还有三个组块可以工作，比如聊天、思考其他的事，这就是组块的作用。

组块化之所以能够提升学习效率，其实是因为它能够让大脑节能。如果有一组结构良好的组块，会更容易找到正确的解决方法，组块越大、运用越熟练，无论学什么科目，都能够更轻易地找到解决方法解决问题。组块就像拼图，学习的过程就是拼图的过程。当解决问题时脑中的大组块可以节省工作量，而面对大组块问题时，把大组块问题拆分成小组块并用脑中的大组块来解决小组块，不仅效率高，也会感到轻松。

3. 帮助融会贯通

大脑的工作记忆模块会不断地被小组块塞满，然后又被新的组块替换，因而造成了我们不断地学了忘、忘了学。如果将这些小组块不断地组成更大的组块，那么所占用的工作记忆存储容量就会减少。

我们会发现，在任一学科中取得更多的组块化经验时，我们还能建立更大的组块，同时神经模式在某种程度上也加强了，它们更为牢固地扎了根。这是因为当我们理解一个组块时，这一组块能以令人惊奇的方式与相似的组块联系起来。不仅在同一领域中如此，在截然不同的领域中也这样。例如，物理里学到的概念和解题方法，可能和商学里的组块概念非常类似。

我们在学习过程中的关键环节，就是要对所学内容进行不断的组块化，不断地将这些小组块，通过意义的连接变成更大的组块。在不断升级组块的过程中，我们大脑的工作记忆不会超负荷，还会开辟出更多的空间来吸收这些知识，学习的效率和效果会增强。

该你试试了

建立组块

1. 重复阅读不如回顾有效。回顾并非简单的原文重复，而是以自己理解后的语言表述。在不同的情景下回顾会有更深的理解。

2. 思维导图应该建立在牢固的基础概念之上，否则如空中楼阁，没有根基。

3. 高亮和划线会给自己一个已经记住的假象，不如明确核心概念，在文末空白处书写总结。

4. 对于含有大量知识点的学科，可以先集中精力理解、掌握一个基础概念，这样第二、三个概念的掌握会变得相对容易。

5. 提前查看章末的问题。带着问题学习也是很好的办法，比如快速浏览课本中的图片、小标题、结论，形成一个粗略的框架，再理解细节，并练习强化，形成组块（自上而下的学习和自下而上的学习结合）。

一、番茄工作法（时间管理法）

番茄工作法是简单易行的时间管理方法，是保持专注的有效方法。

番茄工作法的具体做法为：

1. 每天在开始的时候规划今天要完成的几项任务，将任务逐项写在列表里或记在软件的清单里；

2. 用定时器、软件、闹钟等设定你的番茄钟，时间是 25 分钟。

3. 开始完成第一项任务，直到番茄钟响铃或提醒（25 分钟到）。

4. 停止工作，并在列表里该项任务后画个 ×。

5. 休息 3~5 分钟，活动、喝水、方便等等。

6. 开始下一个番茄钟，继续该任务；一直循环下去，直到完成该任务，并在列表里将该任务划掉。

7. 每四个番茄钟后，休息 25 分钟。

在某个番茄钟的过程里，如果突然想起要做什么事情，可分两种情况处理：非得马上做不可的话，停止这个番茄钟并宣告它作废（哪怕还剩 5 分钟就结束了），去完成这件事情，之后再重新开始同一个番茄钟；不是必须马上去做的话，在列表里该项任务后面标记一个逗号（表示打扰），并将这件事记在另一个列表里（比如叫"计划外事件"），然后接着完成这个番茄钟。

二、专注力思维训练

教育家蒙台梭利曾说：最好的学习方法，就是让人聚精会神地学习的方法。专注力，是每个人的财富。专注力在心理学中通常称为注意力，是指对特定目标指向和集中的一种能力。专注力对于人来说，是必不可少的，它是学习能力、思辨能力、逻辑推理能力、记忆能力等众多能力的基础。

专注力缺乏的表现有：上课爱开小差，爱说话；坐不住，小动作很多；总是丢三落四；做事磨蹭、拖拉；经常听不到别人说话；做作业粗心马虎；自控力差……如果上述行为某个人占了多数，那就可能存在专注力缺乏的情况。

三、分散性思维训练

1. 培养发散性思维

首先要做到的，就是要从多个角度去思考一个问题，以寻求多种想法、观点或答案，再在此基础上进行想象，从而产生多条思路，并且使多条思路向外扩展，扩展为多角度思维空间。

2. 想象最直观的是相似联想

由一事物想到在某一特征上与之相似的另一事物。比如，通过少年想到幼苗、雏鸟，通过月亮联想到恋爱，通过红色联想到烈火，通过悦耳的鸟鸣联想到动听的歌声等。

3. 相关联想

由一事物想到与之相关的事物。有些事物形式虽有所不同，但其本质却有相同的地方，因而可由此物联想到彼物。比如，通过一张发黄的照片联想到过去的岁月，通过明月联想到嫦娥，通过蜜蜂采集花粉酿蜜联想到奉献，通过石灰粉身碎骨联想到献身等。

4. 单向思维大多是低水平的发散，多向思维才是高质量的思维

只有在思维运动时尽可能多地给自己提一些"假如、假定、否则"之类的问题，才能强迫自己换一个角度去思考，想自己或别人未想过的问题。客观联系是思维发散的基础和原因，联想是联系与个人主观能动性的结合，二者联合形成思维发散的风暴。

5. 不局限于唯一的正确答案

在寻求唯一正确答案的影响下，学生往往受教育越多，思维越单一，想象力越有限。发散思维鼓励人们寻找和考虑新颖而独特的方法、机会、观念和解决方式，不能满足于得出一个固定不变的答案，而是在解决问题的过程中不断问自己："如果这样尝试会有何发现？"

6. 发散思维是一种创造性思维

发散思维分析问题的思维模式是打破常规，跳出惯性思维框架去思考。在探索多种可能性的思维过程中提出有创意的观点，并非采取显而易见的步骤，不经思考地走直线，而是分析问题的各个方面，以得出不同结果。

7. 学会逆向思维也是发散性思维的一种

逆向思维是朝着认识事物的相反方向去思考问题，提出独特见解的思维方式。它不受旧观念束缚，积极突破常规，标新立异，表现出积极探索的创造性，不满足于"人云亦云"，不迷信于传统看法。

8. 思维开花训练法

每天依据一个词去大胆想象，尽可能多地想出更多与此词有联系的词。在此强调一点，尽可能地去打破思维局限，多层次、多角度地去发散思维，才能达到最佳效果。还有就是要坚持下去，只有经过长时间的练习，才能养成发散思维的习惯，最终受益终生。

9. 思维接龙训练法

这个类似于成语接龙，一种是固定式接龙，即词头接词尾；另一种是自由式接龙，只要两个词相关即可。试着用这两种方法练习，接上的词越多越好，且层次越广越好。

10. 曼陀罗训练法

这种方法源于佛教，后被学者总结归纳得出。对于每一个主题事物，向六个方面思考，以谁（Who）为中心，发散思考做了什么（What）、为什么（Why）、什么时间（When）、什么地点（Where），同时在思考每个点时加上怎么做（How），长此以往，你会发现你在思考问题时思维更为开阔、全面。

四、思维导图

思维导图（The Mind Map）又叫心智导图，是表达发散性思维的有效图形思维工具，是应用于记忆、学习、思考等的思维"地图"，可以帮助我们快速理清思维、构建知识框架，提升思维能力和学习效率。

绘制思维导图大致可以这样操作。

1）明确思维导图的中心主题；

2）按照自己的逻辑顺序，将中心主题细分，也就是在思维导图中添加二级主题；

3）添加三级主题，乃至多级主题；

4）有卡壳的地方就是你的薄弱环节；

5）建议精简每个主题，用关键词呈现；

6）感觉差不多了就停下来。

这其实是一个非常好玩的游戏。没事的时候，找个主题，用思维导图好好梳理下，久而久之，头脑里混乱的东西变得有条理了，知识点和知识点之间的联系加强了。

五、思维训练智力题

信息化时代，唯一不变的就是变化。快节奏的学习和生活让很多人应接不暇，在面对学习和工作的时候，思维敏捷的人往往处理起来得心应手，相反则可能会步步艰辛。这在数理化的学习上表现得尤为突出。

那么，如何才能提高思维的敏捷程度呢？其实多做一做思维训练智力题将会是一个很好的方法。今天就和大家分享几道思维训练智力题。

1）从前有一个农场主，由于十分吝啬，方圆几里的人都不愿意给他干活，但是这么大一个农场没有工人也不是办法。于是农场主去铁匠铺打造了一串七个圈连在一起的无缝银圈。并对工人们说，如果谁给我做工七个月，这串银圈就是谁的了，但是有一条：每干一个月拿一个银圈，但是这些银圈只能弄断其中一个。不少人发愁，不让拧断银圈，这活还不是白干了。这个时候来了一个年轻人，立下字据，字据上很清楚地写着"只能弄断一个银圈"，不知不觉就这样七个月过去了，最后年轻人带着一整串银圈离开了。你知道年轻人用的是什么方法吗？

答案：干完第一个月，这个年轻人把银圈串的第三个圈弄断，取下银圈拿走了。剩下的银圈变成了两串，一串有两个银圈，一串有4个银圈。干完第二个月，年轻人用上次拿走的那个银圈，换了两个串在一起的银圈。第三个月，年轻人又拿走了上个月放回的那一个银圈。第四个月，年轻人再用两个银圈和一个银圈换走那连在一串的4个银圈。第五个月，年轻人又来把那一个银圈拿走。第六个月，年轻人又用一个银圈换回两个银圈。第七个月，年轻人拿走了最后一个银圈，也就是最初弄断的那个银圈。

2）在机场的候机室，有五位先生在等同一班航班，发现身边有五个不同的箱子，上面分别写着：奥地利的首都维也纳，尼泊尔的首都加德满都，加拿大的蒙特利尔、多伦多两座城市和哥伦比亚的首都波哥达。下面是一则谈话，请根据以下内容，判断这五位先生分别来自哪里？

A. 我喜欢旅行，去过北美，想去南美，以及奥地利。

B. 我期待在南美与你相遇，去年去蒙特利尔旅行了一趟，还不错。

C. 真巧，我去年也去了蒙特利尔。

D. 你们真厉害啊，我从没有去过那些地方，护照上你们四个来自不同的国家啊。

E. 是啊，我们住在四大洲五个地方。

答案：通过A先生的话可知他既不是来自北美洲也不是来自南美洲，

也不是来自位于欧洲的奥地利,所以他来自亚洲尼泊尔的加德满都;B先生从南美洲动身,说明他来自哥伦比亚的波哥达;C先生不是从蒙特利尔来的,D先生从另外四人的护照上看到他们分别来自四个国家,那他一定是来自加拿大人,他又从未去过蒙特利尔,所以D先生住在多伦多。现在只剩下C先生和E先生没有确定,因为C先生不是住在蒙特利尔,那他一定来自奥地利的维也纳;那么E先生来自加拿大的蒙特利尔。

因此答案是:A先生来自亚洲尼泊尔的加德满都;B先生来自南美洲哥伦比亚的波哥达;C先生来自欧洲奥地利的维也纳;D先生和E先生分别来自北美洲加拿大的多伦多、蒙特利尔。

3)小王兄弟三人和两位表兄聚在一起,小王的父亲带回来5个小箱子,里面分别装着紫、蓝、金、米、白五种颜色的汽车模型。父亲让他们表兄弟五个来猜颜色,每人可以猜两次,猜对哪个盒子的,哪个盒子里的模型就送给他。我们用A、B、C、D、E来代表小王表兄弟5人。

A说:第二箱白色,第三箱金色。

B说:第二箱蓝色,第四箱紫色。

C说:第一箱紫色,第五箱米色。

D说:第三箱蓝色,第四箱米色。

E说:第二箱金色,第五箱白色。

还真巧了,他们几人猜完之后,父亲发现每人都猜对了一个。请问箱子里各装的是什么颜色的模型呢?

答案:假设A猜的"第二箱白色"是正确的,那第三箱就不是金色的,B猜第二箱是蓝色的就是错误的,那第四箱就是紫色的;这样C猜第一箱是紫色的错误,那第五箱就是米色的;那么E猜第五箱是白色的就是错误的,第二箱应是金色的;这与假设相矛盾,可见A猜第二箱是白色的是错误的,那么第三箱应是金色的。由此可推理出,第一箱是紫色的,第二箱是蓝色的,第四箱是米色的,第五箱是白色的。

4)有六个人,其中一人投资了一部家庭剧。他们的职业分别是音乐家、摄影师;性别分别是三个男生、三个女生,其中,王锐、李子昊、王可鸾为音乐家;李国尧、王雨嫣、李朵雯为摄影家。

A. 如果投资商和编剧是亲戚，则编剧是个音乐家；

B. 如果投资商和编剧不是亲戚，则编剧是位男士；

C. 如果投资商和编剧职业相同，则编剧是位女士；

D. 如果投资商和编剧职业不同，则编剧姓李；

E. 如果投资商和编剧性别相同，则编剧是个音乐家；

F. 如果投资商和编剧性别不同，则编剧姓王。

谁是这部家庭剧的投资商？

答案：李国尧。描述中 A 与 B 互相矛盾，必有一个正确一个错误。同样、C 和 D、E 和 F，也是。

根据以上条件中的结论，A 和 E 不可能同时正确。同样，B 和 C、D 和 F 也不可能同时正确。因此，正确的情况要么是 A、C 和 F 组合，要么 B、D 和 E 组合。如果 A、C 和 F 的描述是正确的，则根据这些描述中的结论，编剧是李朵雯，一位李姓的女摄影家。于是，根据描述中的假设，家庭剧的投资商是李国尧，一位李姓的男摄影家。如果 B、D 和 E 的描述是正确的，则根据这些描述中的结论，编剧是王锐，一位王姓的男音乐家。于是，根据描述中的假设，家庭剧的投资商是李国尧，一位李姓的男摄影家。

5）有一个富商犹太人想聘请一名助手，要求这个助手非常聪明才行。经过几轮招聘，留下了 A、B 两人。为了进一步考察这两个人，于是富商将二人带到漆黑的小屋，小屋里有一个衣帽架，架子上有五顶礼帽，两顶橙色，三顶蓝色。然后，富商把灯关掉，并把礼帽摆放的位置互相调换，每人拿一顶礼帽戴在头上，剩下来的两个帽子藏起来了，当富商再次把灯打开时，要求 A、B 尽快说出自己头上戴的礼帽是什么颜色，这个时候富商头上是橙色的帽子。

两个人沉默地看着对方，几秒钟后 A 回答蓝色，于是被录用了。他是如何推理的？

答案：A 是这样推理的，如果我戴的也是橙色的礼帽，那么，B 马上就能知道自己戴的是蓝色的礼帽（因为橙色的礼帽只有两顶）；而现在 B 并没有立刻猜出，可见，我戴的不是橙色的礼帽。

6）西方国家某小镇一名富商遭人绑架并被残忍杀害，现在警探抓获了两名嫌疑犯。这两名嫌疑犯都有前科，他们都很清楚，如果招供，将入狱6年；如果不招供而被对方揭发，将入狱9年，而对方会因为揭发有功只入狱2年；如果两名嫌疑犯都坚持不招供，那么警探凭借手中已掌握的人证物证尚不足以裁定他们的杀人罪，只能以绑架罪判处二人各4年。为了防止他们串供，警探将两名嫌疑犯分开关押，使他们不能互通信息。

请问，这两名嫌疑犯将会如何做？

答案：从罪犯的心理来说，如果对方招供，自己不招供，自己要入狱9年，对方只要2年，那么吃亏的就是自己，自己做出牺牲，却得不到半点好处；如果对方不招供，自己也不招供，那么入狱4年；如果对方不招供，自己招供只需要入狱2年，所以罪犯抱着能够使自身利益得到保障的心理，会选择招供。这是一个非常著名的"囚徒困境"问题。人们会理性地选择最优策略，以追求利益最大化，然而人们却因为自己的理性而使自身利益受损，无法取得最大利益。它反映出个人理性和集体理性的矛盾，人类的个体理性有时会造成集体的非理性，即聪明反被聪明误。

7）秘密谍报人员杰克开着摩托车在上坡的急转弯处停下，他看了看手表，正好是夜里1点钟，再过5分钟，司令部联络官的汽车将从这里通过。为了盗取联络官的机密文件，杰克在半月前就潜入该国。这条公路是通往位于山上基地的专用道路，夜间很少有车辆通过。不一会儿，夜雾弥漫的前方黑暗处有灯光出现，正向此靠近。就在车开近距离只有十五六米时，杰克打开车灯，突然迎上去，挡住对方的去路。对方措手不及，急忙转动方向盘急刹车，但没刹住，车撞破防护栏，翻下路面。原想汽车受到这一冲击会引燃汽油着火的，但车子翻了二三次，撞到岩石上停了下来。杰克将摩托车藏在道旁的草丛中，然后拿起事先准备好的装汽油的容器下到山谷。联络官倒在方向盘上，已经死了，一个黑色的皮包从打碎的车窗中掉了出来。杰克从联络官的身上找到钥匙，打开皮包，用高感度红外线照相机将机密文件拍了下来，然后按原样将文件放回包中扔到车里，再将容器中的汽油浇到车子上，用打火机点燃。火一下子烧了起来，瞬间车子就被熊熊烈火包围了。杰克拿着空汽油容器回到公路上，迅速骑上摩托车离去。

翌日，杰克在电视新闻中看到那辆车被完全烧毁，尸体和皮包也都被烧成灰烬，便放心了。人们一定认为司机在驾车时打盹儿翻到山谷里，而引燃汽油烧毁的。杰克将拍下机密文件的胶卷送往本国情报部后，立即收到本部的紧密命令，命令的内容是敌方已对那起事故起疑心，开始秘密调查，速归国。

杰克反省了那天深夜的行动，确信从头到尾没有出现疏漏和失误，就连阻挡汽车前行时的摩托车轮胎印也擦得一干二净，而且行动时又无其他车辆经过自然不会有目击者。那么到底留下了什么证据使得对方怀疑了呢？

你能推测杰克的失误是什么吗？为什么？

答案：杰克的失误就是，自己带汽油把车给烧毁了。汽车坠入山谷没有燃烧起来，原因是油箱中的油几乎没有了，油表的指针指向了接近0的位置。对方调查得知这一情况后，必然知道车坠毁是不可能引起燃烧的，所以引起了怀疑。

8) 一天，小王与老师做一个小实验，要分别加两次100毫升的水，老师把小王叫过来，对他说："你看这个水桶里面只有三个容器，大号的容器是900毫升，中号的容器是500毫升，小号的容器是300毫升。现在需要提前量取两份100毫升的水备用，你有什么办法吗？"

答案：先把900毫升的大号容器装满水，然后把500毫升的容器和300毫升的容器灌满，此时大号容器中剩下的就是100毫升，取出用于实验。接下来把300毫升的水倒入大号容器，然后用500毫升的容器中的水把300毫升的容器中灌满，然后再把300毫升容器中的水倒入大号容器中，接着把500毫升的容器中剩下的水倒入水桶中，用大号容器中的水把500毫升的容器灌满，大号容器中剩下的是100毫升，取来用做实验。

六、增强记忆的小窍门

1. 转化：谐音和替代

如果想象力不好，那么就多训练谐音和替代的能力。谐音，是通过声音相似相近的办法，把抽象枯燥的词汇转化成图像。成功的演讲家和幽默大师，都是谐音的高手。比如"谐音"可以谐音成"鞋印"，《南京条约》五个通商口岸为广州、厦门、福州、宁波、上海，第一个字连读为"广厦福宁上"，可取谐音"光下不能上"记忆。替代，是从汉字的象形造字法得到灵感的。比如，"巾"字是从"一人脖子披绸缎"的形象，中间的"｜"就代表一个人。转化的两种方法（谐音和替代）能训练你将枯燥的信息转化成图像的能力，也能训练你的想象能力。

可以按下面的方法进行谐音和替代训练。

1）每天 10 分钟，从书本中抽取 30 个词做训练。可以是汉字，可以是数字，也可以是英文单词，甚至是化学符号，数学公式。

2）每天挑选的 30 个词，必须记录下来，空闲的时候可以适当地复习。

3）每个词最少有 2 个图像。训练越多，你的想象力越好。

2. 编码：固化和拓展

在转化过程中，"概念、特点、原则、规律"等词会在不同的学科中出现，不需要每次都重新转化一个图像，可以先把图像编好，等到要用的时候，直接从大脑里提取。可以在每天 10 分钟的转化训练中，把一些常用的词汇固定下来。比如，经济＝金鸡，思想＝思考者，文化＝纹花等。

把一些词、符号、数字固定对应一个图像的处理方式，叫作"编码"。编码简而言之就是为抽象的信息编上代码，而这里的代码是指图像。记忆大师在训练的时候，最常用的编码是数字编码和字母编码，至于中文编码，记忆大师一般不会用。记忆大师在训练的时候，都要求精简化编码，因为他们训练的结果是要追求速度、准确率。而一般人在应用编码法的时候，无须过于精简化，有些编码，甚至可以多个图像：比如，数字1，可以是火柴棍，可以是大树，可以是笔；字母A，可以是尖帽子，可以是人字梯，也可以是Apple（苹果）。

对于追求更简单、更快速记忆的比赛选手来说，一个信息，多个图像，会影响速度；而对于学生来说，一个信息多个图像，反而更加灵活，不容易混淆。

3. 串联：联结和动作

串联，顾名思义，你可以想象成冰糖葫芦，山楂们被一根竹签串起来，它们之间的关系是一对一的；你也可以想象成项链，一个个珍珠被链子一个挨一个地系起来。串联的时候，千万不要管第一个和第三个词是否有关系，只要管好前后两个词的联结就行。

例如将"小刀、西瓜、裤子"。这三个词串联，只要联想"小刀切开西瓜，西瓜汁溅到裤子"，不需要考虑"小刀和裤子"的关系。又如，秦始皇灭六国的顺序是韩国、赵国、魏国、楚国、燕国、齐国，我们可以根据每个国家的第一个字，串联成"喊赵薇去演戏"（韩赵魏楚燕齐）。

串联还有一个很重要的细节就是动作。建议平时多积累一些动作。怎么积累？可以先从自己身上找，按照顺序从头到脚"顶、撞、看、嗅、咬、喷、吐、吃、抓、握、抱、撑、踢、捶、踩、揉、夹、砸……"如果你能分辨出每个动作，那么观察力将会大大提高。然后你可以从其他的物品，或者动物上找动作。这里就不再举例，主要靠大家平时积累。

不过，串联也有禁忌，就是不能用一些词汇，比如"A做成B，A像B"等。这些已经不是串联，而是联想，只有一个东西，要么是A要么是B。还有，A在B旁边，这种联结不够结实，也不建议采用。

4. 定桩：顺序和空间

现在你要做的就是建立自己的记忆宫殿。训练的方法有以下几种。

1）在家里、去学校的路上、校园、公园、超市等地，按照顺序建立自己的记忆宫殿。

2）每10个地点为一个空间，想建立多少个空间任由发挥。

3）建立自己的记忆宫殿时，一定要记录下来，在条件许可的情况下，可用手机拍下来，方便管理。

不得不说，积累桩子最大的问题，就是到哪里去找那么多空间？其实生活中按区域和层次去找，最少可以找2万个。日常运用最多就1万个桩子。除去30%~40%已经掌握的知识，还有30%是你能够靠理解记下来的，剩下不超过5 000个桩子就可以记住了。

5. 记忆点：关键字和图像

说到关键字，很多人以为是一句话中的关键词语。虽然，关键字法也包括了关键词语的提炼方法，但其重点还是在于记忆点。一扇门的钥匙，是打开这扇门的关键，一句话的"钥匙"，是理解这句话的"关键"。这个关键用中学生能听懂的词汇，叫"中心思想"。

不过，这个中心思想，不同于平时用的中心思想的概念。因为在处理记忆点的时候，一定要带着形象化的思维去操作。比如，"古藤老树昏鸦"的记忆点就是"一棵古树，上面一只昏昏欲睡的乌鸦"的彩色画像。

真正的学习高手，学习过后在脑海里一定会保留知识的记忆点，这个记忆点不一定是具体的图像，因为每个人的大脑对信息的感觉不一样。有人保存知识的概念，只要一提及某个知识点，他马上就调出这种概念。这些人是怎么做到的呢？我们暂时可以归类到逻辑记忆。

死记硬背形成的记忆，他的记忆点可能是肌肉反应，你给点提示，他就快速背出来，但是你让他慢慢想，或者随机提问部分内容，他可能会反应不过来；如果是通过图像形成的记忆点，不管怎么提问，他都能利用图像进行搜索，找到答案。

第三章

优化你的学习

电影《当幸福来敲门》中有一个故事。在街上，小克里斯给父亲讲了一个笑话：一个基督徒落水了，可他不会游泳，就在水中挣扎。这时来了一条小船，船上的人问他需不需要帮助，他说："不用了，上帝会救我的。"小船就走了。然后，又来了一条大船，船上的人又问他需不需要帮助，他依然说："不用了，上帝会救我的。"最后，他淹死了，上了天堂，他责怪上帝为什么不去救他。上帝叹道："你这笨蛋，我派了两条船去救你啊！"

当然，上帝不会告诉你，他已经派了两条船去救你，是你自己漠视了上帝为你开启的生命之窗。同样，上帝也不会告诉你，大学时期的学习对于改变人生究竟有多么重要，而这时的学习已不再等同于"啃书本"，而是积累和习得，是为了迈进社会和职场的时候不被绊倒或拒之门外，为了自己最初的梦想有得以实现的机会。

俗话说：授之以鱼，不如授之以渔。现代教育观强调发挥学生在学习过程中的主观能动性，相信学生内在的主体能力。特别是大学阶段，引导学生掌握正确的学习方法、优化学习过程，比传授知识、技能更为重要。所以，作为一名有追求、有抱负的大学生，在大学阶段，应该树立积极乐观的学习态度，加强目标管理、时间管理和情绪管理，掌握科学有效的学习方法，培养良好的学习习惯。只有这样，才能真正掌握开启知识大门的"钥匙"，为将来的个人发展奠定坚实的基础。

第一节　预防拖延

你是否有这样的经历？待收拾的桌面、待上交的作业、要看的书全堆在眼前，焦虑的小心脏不安地跳动着。明明有很多事情等着做，偏偏跟自己说：再玩一会，等会再做。于是，一分钟过去了，一个小时过去了，一天过去了，凌乱的桌面依然凌乱，要看的书依旧尘封——这就是拖延。明代钱福的《明日之歌》，形象地道出了拖延的弊端。

明日歌

［明］ 钱福

明日复明日，明日何其多。
我生待明日，万事成蹉跎。
世人若被明日累，春去秋来老将至。
朝看水东流，暮看日西坠。
百年明日能几何？请君听我明日歌。
明日复明日，明日何其多！
日日待明日，万事成蹉跎。
世人皆被明日累，明日无穷老将至。
晨昏滚滚水东流，今古悠悠日西坠。
百年明日能几何？请君听我明日歌。

一、拖延的内涵及表现

1. 拖延的内涵

"拖延"的英文为 procrastination，来源于拉丁文 procrastinare，意为推至明天。拖延是一种习惯，它会使人把重要的事情和有时限的事情，推到其他时间去做，从而使人不能在规定时间内完成既定目标并由此产生负面情绪，如自我否定、自我贬低等。

拖延的特点主要有六点。

1）没有自信。因为每次完成任务都达不到自己最高的能力，对自我能力的评估会越来越低。

2）我太忙。我一直拖着没做是因为我一直很忙。

3）顽固。你催我也没有用，我准备好了自然会开始做。

4）操控别人。他们着急也没用，一切都要等我到了才能开始。

5）对抗压力。因为每天压力很大，所以要做的事情一直被拖下来。

6）受害者心态。我也不知道自己怎么会这样，别人能做的自己做不到。

拖延的类型主要有四种。

1）期限拖延。这种拖延是有最后期限的，而且和某种规则有关，比如学习作业提交的时间、工作任务完成的时间。

2）个人事务拖延。主要表现在习惯性地推迟早该进行的活动，比如读书、健身锻炼等。

3）简单拖延。任务不顺手或者感觉不愉快时，产生抗拒、退缩的心理，从而放在一边。

4）包含多重因素的拖延。例如，伴随诸如自我怀疑或完美主义等因素的拖延行为。

2. 拖延的表现

在生活中，拖延对于很多人来说并不陌生。当拖延成为一种生活常态时，一个人拖延的表现可能是多种多样的。有些拖延的方式看似合情合理，以至于连拖延者本身，都没有辨识出这些行为的本质是习惯性拖延。

1）回避。人们在习惯性拖延时，会选择回避和任务有关的场所或是场景。比如，明明应该在办公室赶工的白领们，会在"死线"将近时选择去餐厅吃午餐。这种刻意的回避"唤起场景"的行为，实际上是一种自我欺骗——看不到的问题就不存在。这样一种防御式的行为，在极短的时间内可以快速降低"因为想着还有任务没完成"而带来的紧张。

2）否认和轻视。在时间管理理论中，工作可以按重要程度和紧急程度为标准，分为四种类型，分置于四个象限中，分别为：重要又紧急；重要但不紧急；紧急但不重要；不紧急也不重要。如图 3-1 所示。

高效的处理方式，应该是立刻处理重要又紧急的事。但是对于习惯性拖延的人来说，他们会选择去做剩下的那三种类型的事情，然后否认那些真正重要又紧急的事情。比如，在开始为考试背单词（重要且紧急）之前发现自己的桌子很乱，所以决定先整理桌面（急迫但不重要），然后上淘宝买点收纳工具（不紧急也不重要）。在整理桌面和网购的时候，"背单词"这件事的紧急性和重要性就被否认掉了。

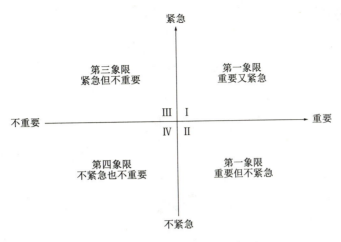

图 3-1 时间管理四象限

3）嘲笑他人。

有的人在自己未完成任务时，会嘲笑那些拥有更好的时间管理概念和执行力的人。这种贬低他人的态度，其实是在抬高自己，证明自己是因为有能力才拖延。

4）和比自己更拖的人比较。

有的人会通过社会比较来使自己的行为合理化。但这种社会比较往往是向下的——选择和比自己更拖延、更慢的人进行比较。这种向下比较会带来自我安慰，让他们觉得自己的拖延并不严重。

5）分散注意力。

还有一些人并不会直接否认任务的重要性，但会在任务来临之前，努力将注意力分散到其他事物上。比如说，要开始做作业了，就想练琴。这其实是因为未完成的任务会让人觉得自己一事无成，从而带来紧张和焦虑感。把注意力分散到其他事物上，其实是一种精神补偿行为。在不能真正完成应该做的任务的时候，通过完成别的事来让自己感到"有产出"，从而降低紧张和焦虑感。

二、拖延的成因

TED 演讲上有一期曾讲过拖延症的成因，演讲者用两幅图分别表示没有拖延症的人和有拖延症的人"大脑构成"的不同,如图 3-2、图 3-3 所示。

图 3-2　无拖延症的人的"大脑"

图 3-3　有拖延症的人的"大脑"

从图 3-2 至图 3-3 可以看到,这两个大脑里都有一个火柴人在控制船舵,这就是我们大脑中的理性决策者,我们可以靠他制定计划、设立目标、做出决定。但每当准备做出行动时,"拖延怪"这只猴子就会出来捣蛋。

"拖延怪"一次又一次破坏了我们的计划和目标,但我们却拿它完全没有办法,因为它是我们本能的一部分。这一部分令我们看不到过去和未来,只想获得当下的满足和快感,尤其是在面对一个艰巨复杂的大任务时,及时行乐还能逃避面对任务的焦虑。

第三章 优化你的学习

拖延现象自古至今都存在，无时无刻不影响着人们的生活和工作。为此，不少现代人做了大量研究。那么，拖延究竟是怎样形成的呢？总体来说，拖延行为既有客观行为因素，也有明知会有消极后果但难以遵循最初意愿的非理性认知，受生理、心理、历史、外部环境等多种因素的影响。

1. 生理原因

1）我们的身体本能进化了150万年，是人类自带的操作系统，对身体的掌控力非常强大。只要不是威胁到生存的重大事情，本能的自我根本不愿意去消耗能量。好逸恶劳、逃避痛苦、享受当下，才符合本我的快乐原则。理性远比本能要年轻的多，二者相斗，理智没有什么胜算。人永远无法摆脱本能的影响，理性指明的道路再正确、再有好处，也很难战胜本能。

2）身体状态不好与负面情绪。没睡好、没吃好、生病受伤会严重影响做事的效率和积极性，无精打采、浑浑噩噩的状态会增加做事的难度。本来就不想做，又有了看似正当的理由，两者一拍即合。负面情绪对人有消极影响，情绪不好也是行动的阻力。

2. 外部原因

1）外部诱惑太多。玩手机、玩游戏、聊天等诱惑，不但过度地占用了大量时间和注意力，而且要抵抗外部诱惑需要消耗大量的意志力，一个充满诱惑的环境会增加行动的难度。意志力就像体力一样是有限的，消耗太大就没有力量做正事了。

2）任务本身有难度。我们都有这样的体验，总喜欢把最不擅长的功课放到最后去做（比如数学）。走出舒适区，进入要受点苦的学习区并不简单。任务挑战如果本身有难度，自己不擅长、没有接触过，为了逃避麻烦，更容易选择逃避、拖延。在舒适区舒舒服服地待着，不想迈出一步。

3）很多事情是被迫的。如果是自愿做的事情，我们容易开始行动；如果是外界强加的，尤其是讨厌的人安排的任务，我们就自然地想拖延。

3. 心理原因

1）害怕失败，不想承担失败的后果。极度渴望成功，又害怕承担可能失败的风险与后果，所以不愿开始，有意无意把事情拖延到不了了之的地步。往往把能否成功和个人的能力、在别人心中的地位完全等价起来，于是拖延成了一种逃避失败的工具。

2）完美主义，害怕达不到完美的结果。"完美主义让人寸步难行"。不去行动的完美主义者总是在大脑中幻想一幅完美的画面，又害怕达不到完美的结果而不愿意开始，陷入一种想把事情做到最好又怕做不到最好，或是被别人看低的矛盾心理，反而不敢开始。对未来的预期既贪婪又恐惧，只能一直拖延，原本应该花在行动上的时间，全都浪费在既想完美又怕不完美的矛盾心理之中。

3）逃避痛苦，不愿意推迟满足感。生活中遇到问题本身就是一种痛苦，解决问题会带来新的痛苦，哪怕理性告诉我们做事的正确顺序是先苦后甜、推迟满足感，有时候也无济于事。人都有逃避痛苦、及时行乐的天性，贪图一时安逸，拖延处理问题。

4）动力不足，能拖就拖。不论是外界强加的任务，或者自己想去做的事情，都可能产生动力不足的情况。始终下不了决心，没有足够的动力马上行动，态度消极倦怠，打不起精神，想到将会遇到的困难、麻烦，就一拖再拖。

5）对未来缺乏现实感。拖延者对未来的自己其实是缺乏同理心的。换言之，人们能很好地体验当下，却不能提前感受到未来的自己。另外，因为人们对于未来的时间感知也是不客观的，当任务的截止日期离当下看起来很远时，拖延者并不能真切地感受所剩时间。这也是为什么有的拖延者会在截止日期快要到来的时候，才惊觉原来没有多少时间了。而对未来缺乏现实感，也正是人们总是误以为"还有时间""总有下次""还有机会"的原因。

4. 历史原因

习惯性拖延总是形成恶性循环：以前就有多次因为拖延误了大事，自责、懊悔的经历，这次在遇到事情时，为了补偿之前的"罪过"，要求更高、更苛刻，结果更加无法达到预期，又产生了新的挫败感，更加憎恶自己；下次还是同样的逻辑和结果，形成了恶性循环。当循环的次数多了之后，会产生一种习惯，不由自主地拖延。

总结一下，拖延者的信念会有以下一些。

1）我必须要做到完美。

2）我做每件事都应该轻而易举，不费力气。

3）什么也不做，要比冒失败的风险更为安全。

4）没有什么是我无法做到的。

5）如果不能把事情做好，那么它就根本不值得去做。

6）我必须避开挑战。

7）如果我成功，有人就会受到伤害。

8）如果这一次我做得很好，那么我每次都应该做得很好。

9）按照别人的规定做事，意味着屈服和失去掌控。

10）我不能承受失去任何人或任何事物的后果。

11）如果我展现真实的自己，人们不会喜欢我。

12）总有一个正确答案，我将一直等待直到发现它。

这些信念反映了拖延者的一种阻止自己取得进展的思维方式。人们之所以产生拖延的不良习性，是因为他们害怕。他们害怕他们的行为会让自己陷入麻烦，担心如果展示了自己真实的一面会有危险的结果。在所有无序和拖拉的背后，他们其实害怕不被接受。虽然忍受自责、自轻和对自己的反感是相当痛苦的，但是，比起看清真实的自我所带来的脆弱和无地自容，这样的感受或许还是承受得起的，拖延是他们保护自己的盾牌。

三、如何预防拖延

面对拖延，首先要树立起的第一个关键信念就是不要自责，因为拖延是大脑天生的操作系统，谁都有。我们以为是理智在驾驭身体，但是绝大多数时间其实是本能反应。我们要学会自我关怀，不能因为没能完成好任务而焦虑抑郁，又因焦虑抑郁不能好好地完成任务，最后形成恶性循环。要打破这种恶性循环，首先要接纳自己的负面情绪，用原谅和接纳替代自我指责。当我们接受了本能的自我的时候，再采取以下办法改善拖延症。

1. 纠正心态

根据之前的心理，有的放矢，害怕失败不能导致的拖延症，就去认识失败，改变对失败的看法，通过行动不断试错。谁也不能一下子就擅长某件事，从做不擅长的事中收获经验反而更有意义。要认识到，出于抗拒和个人权力表态产生的拖延症，也许只是在和自己闹别扭，该做的事情还是得做。总之，认识到拖延心理是重要的，知道心理表现，才能更科学地认知自己的行为，明确修正目标。

2. 精神激励

精神激励就是不断地给自己输入正能量，从而激励自己积极行动，克服拖延的习惯。比如关注一些正能量的公众号，看一些正能量的书籍，如《高效能人士的五项管理》《一万小时定律》《四点起床》等，从而将自律意识、自强意识内化到思想中，落实到行动中。

3. 形成新的"习惯"

人们总是倾向于完成离自己的能力更近、看上去更容易的目标，因此，要设定合理的、符合自己能力的任务。将一个大的、可行的目标拆分为若干个小任务，每个小任务也会变得更加容易实现。而实现的小任务，又会为实现整个大目标增添信心和正能量。在完成每一个小任务后，人们都会真切地感受到完成一件事情的成就感，从而意识到：一个大任务的背后，往往是分解的、持续的努力和付出。比如说，你想在一个月内背完一本单词书，就可以把任务分解到每天的量上。这样，即使有一天可能因为某些原因不能完成任务，依旧不会影响整个背单词目标的进度。

4. 增强对未来的现实感

人们对于未来的时间是没有现实感的，但如果换一种计时方式，可能会更好地体会时间的流逝。比如，如果对人们说剩下的寿命还有70年，许多人会感到这是一个庞大的数字，并没有觉得时间走得有多快。但如果对人们说剩下的寿命还有25 550天，很多人会感到所剩时间不多，有一种紧迫感。其实用天来衡量时间，会让人觉得未来更加紧迫。因为天比星期、月或者年更短。因此，也有研究者建议，用倒计日甚至是倒计钟来帮助人们更好地体会时间的流逝。

5. 为每一个小任务的完成设定小奖赏

人们对于任务的抗拒会影响实际的执行力。研究发现，人们是否厌恶一项任务主要源于对其价值的判断，而这里的价值和任务完成后得到的奖赏有关。所以，拖延的人可以分解任务，并且在每完成一个小任务后给自己一个小小的奖赏。但这个奖赏必须要分清楚，不能过度，如，工作五分钟，玩耍两小时。要谨记，奖赏的设立是为了激励自己，以便更好地完成任务。

6. 改变环境

一个人受环境的影响很大，如果周围是一群不求上进的人，自己很容易被他们传染。想克服拖延症，实现自律自强，就要靠近正能量的环境。我们可以参加一些自律打卡、正能量的QQ群、微信群，也可以自己另外租个房子，营造不放电视、电脑、课外书的极简环境，以便克服电视剧、游戏的诱惑，扎扎实实地把工作和学习理一理。

习惯性拖延像是对明天的一种透支——把今天的事，用明天的时间完成。很多时候，今天的事错过了就是错过了，明天也有明天的安排。对于想做的事，最好的时间点就是现在。明代文嘉的《今日歌》，就劝诫人们珍惜当下。

今日歌

［明］文嘉

今日复今日，今日何其少！

今日又不为，此事何时了？

人生百年几今日，今日不为真可惜！

若言姑待明朝至，明朝又有明朝事。

为君聊赋《今日诗》，努力请从今日始！

高效学习方法与技巧

该你试试了

心无旁骛，简而行之

如果你发现自己总是在拖延，来看看这个。关掉手机，或是任何其他会发出提示音或闪烁的干扰源，用一个计时器设定25分钟，在这25分钟里，全神贯注于一项任务，什么任务都行。不用担心能不能完成它，专心去做就好。25分钟的时限一到，你就停下来奖励一下自己，看看网页，翻一下手机，做任何你想做的事情。注意，奖励和工作本身一样重要。你会惊讶于这25分钟的成效——尤其还是在你专注于任务本身，而非在意任务能否达成的情况下——这就是番茄工作法（详见第二章拓展阅读）。

如果你想试试这个方法的进阶版，那么来想象一下，假如现在就要入睡了，你正在回顾这一天中完成的最重要任务。你想到的任务是哪个呢？把它写下来，现在就去做。第二天，试着用至少3个25分钟来处理你能想到的最重要的一个或几个任务。

当日工作真正完结后，看看自己在待做清单上划掉了什么，这会儿就可以尽情地享受成就感了，然后把明天要做的关键事项写下来。这种前期准备有助于你的发散模式开始预热，思考明天如何完成那些任务。

（资料来源：［美］芭芭拉·奥克利《学习之道》）

第二节　有效记笔记

正确的学习方法对于学生在学习过程中的重要性是不言而喻的。在一些院校，由于部分学生自主学习的能力不强，在中学阶段学习时主要靠教师和家长的指导。进入大学后，课程难度增加，课堂信息量急剧加大，如果学生不尽快地完成由被动学习到主动学习的转换，没掌握正确的学习方法，很容易跟不上学习的进度而被淘汰。

大学阶段的课堂教学信息量大，是中学阶段课堂教学信息量的几倍甚至几十倍，这是大学阶段的课堂教学与中学阶段的课堂教学最大的区别。同时，课程难度增大，如果学生在听课过程中分心，课程内容连接不上，就会导致课堂学习效率下降，久而久之学习成绩大幅下滑。据了解，在低年级学生中，成绩差绝大部分是由于不适应大学的学习造成的。如何让学生尽快适应新的学习方式已引起了广大高校教师的关注。根据多年的教学经验发现，学会做笔记是其中关键和有效的一个手段。

一、记笔记的重要性及原则

华春莹——刚上大学的第一年，英语口语可以用"差"来形容，为此她用了整整一年的时间来苦练英语。终于，在大学二年级，当大家发现华春莹已经可以用流利的英语和外交官交流的时候，才知道她竟有一本比老师教案还要厚的笔记。

1. 记笔记的重要性

有的同学认为，教材上什么都有，上课听讲就行了，没必要做课堂笔记。这种观点是错误的。研究表明，对于同一时段的学习材料，做笔记的学生比不做笔记的学生成绩提高两倍。这是为什么呢？做笔记的好处可以概括如下。

1）记笔记有助于指引并稳定学生的注意。要想在听课的时候做好笔记，必须要跟上老师的讲课思路，把注意力集中到学习的内容上，光听不记则有可能将注意力分散到学习以外的其他方面。

2）记笔记有助于对学习内容的理解。记笔记的过程也是一个积极思考的过程，可调动眼、耳、脑、手一起活动，从而促进对课堂讲授内容的理解。

3）记笔记有助于对所学知识的复习和记忆。如果不记笔记，复习时只好从头到尾去读教材，这样既要花大量时间又难得要领，效果欠佳。如果在听课的同时记下课程的纲要、重点和疑难点，用自己的语言记下对所学知识的理解和体会，就可对照笔记进行复习，既有系统、有条理又有印象，复习起来，事半功倍。

4）记笔记有助于积累材料，扩充新知。笔记可以记下书本上没有的而老师在课堂上讲授的一些新知识、新观点。不断积累，以便扩充新知识。

2. 记笔记的原则

课堂笔记是学生听课不可或缺的部分，但一节课的时间有限，专心听讲，会担心记不全笔记，而一心记笔记，又怕错过老师讲解分析的过程。这让许多同学很矛盾，不知道听课和记笔记如何兼顾，往往顾此失彼。要记好笔记，需要做到以下五个原则。

1）简洁迅速，不能影响听课。从听课的角度来说，课堂最重要的是听讲和理解。如果只是一味地强调笔记的工整、详细，那么上课的重心就由听课变成了记笔记，最后只记住了老师讲的结果而忽略了分析、解题的过程。所以，记笔记注重简洁而迅速，记录关键点或关键词等，字迹不工整也关系不大，只要自己能看懂即可。

2）提纲挈领，思路清晰。不管老师讲了多少知识点，学生一定要按层级关系记录，形成一个系统。笔记应和课本的目录一样，让人一目了然。当然，记笔记的形式可以是多种多样的，每个人都可以采用自己喜欢的方式，但核心只有一个：提纲挈领，思路清晰。

3）因科而异。记笔记的形式要因科而异，要体现出不同学科的特点，不能用同一种方法。例如，要求记忆内容比较多的课程，在老师讲课时，如果课本有就在课本上进行标记，不用记到笔记本上；当老师讲到一些课本上没有的内容时，就要记录到笔记本上，使课堂笔记更加条理化、系统化。

4）知道记什么。大家都知道：好记性不如烂笔头。记笔记是课堂学习的重要环节，但是把老师课堂讲的一字不落地记下来，这样做事倍功半，得不偿失。如果能做到有选择地记笔记，效果会更好。一般来说，做好课堂笔记要注意以下几点。

①记录老师讲课时黑板上写的板书，比如文字提纲、图形表格及文字说明等。

②重点记录老师讲解的自己不了解的知识。

③重点记老师每节课上所讲解的新知识、新方法。

④重点记录老师分析问题的规律、思考方法。

5）课后及时整理。记完课堂笔记并不是就结束了，课后还需要进行整理、复习、消化，这一点是关键。有心的同学会发现，学习好的同学会把课堂笔记重新整理、加工，对课堂记录的笔记进行梳理完善，他们一般会用活页笔记本，可以很方便他加入补充的知识。

记笔记是学生都会的学习方法，但是记好课堂笔记却是一门学问。对于大学生来说，课堂笔记对于提高学习成绩、加强学习效果起到了不可忽视的作用。

二、记笔记的方法

关于"记笔记"，我们身边有不一样的声音。有人说："记笔记仅仅是又抄写一遍，而且浪费时间，有什么意义呢？"有人说："我把它们记在脑子里就好了，还记笔记干吗？"还有人说："我每节课都在认真记笔记，也没发现有什么变化呀？"

把听课的内容用科学的方法有条理地记录下来，是非常高效的学习方法。那么到底应该怎么记笔记呢？

下面为大家介绍几种常见的记笔记的方法。

1. 康奈尔笔记法（5R 笔记法）

这一方法几乎适用于一切课程，对于听课笔记，5R 笔记法是最佳首选。这种方法是记与学、思考与运用相结合的有效方法。

1）记录（Record）：在听讲或阅读过程中，在主栏（将笔记本的一页分为左大右小两部分，左侧为主栏，右侧为副栏）内尽量多记有意义的论据、概念等讲课内容。

2）简化（Reduce）：下课以后，尽可能及早将这些论据、概念简明扼要地概括（简化）在回忆栏，即副栏。

3）背诵（Recite）：把主栏遮住，只用回忆栏中的摘记提示，尽量完满地叙述课堂上讲过的内容。

4)思考(Reflect):将自己的听课随感、意见、经验体会之类的内容,与讲课内容区分开,写在卡片或笔记本的某一单独部分,加上标题和索引,编制成提纲、摘要,分成类目并随时归档。

5)复习(Review):每周花十分钟左右时间,快速复习笔记,要先看回忆栏,适当看主栏。

康奈尔笔记模板如图3-4所示。

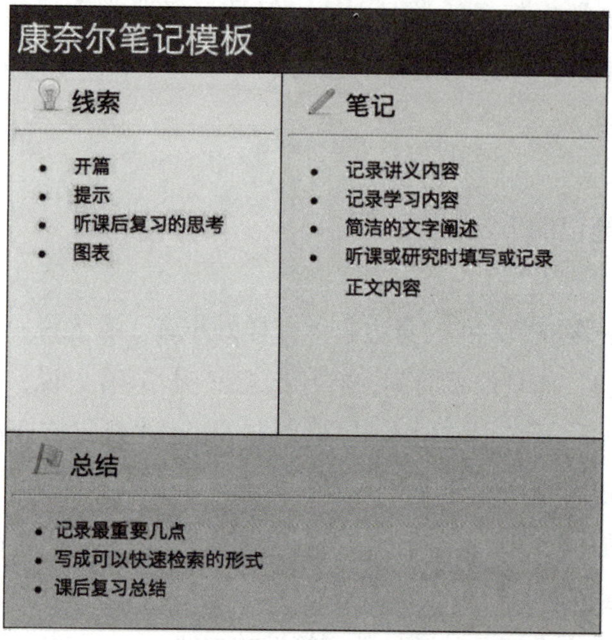

图3-4 康奈尔笔记模板

2. 关键字笔记法

关键字笔记法,指的是通过记录关键词,回顾之前记录内容的方式。具体操作时,将笔记本划分为两个区域,在笔记纸的右侧约四分之一处画一条直线,加粗。左边是笔记区,用来做笔记;右边是关键字区,从笔记区挑选出关键字写进右侧。

关键字笔记法主要针对找不到重点的同学,这些人往往通篇阅读一篇课文,不仅浪费时间,还可能找不到重点,因为记录的内容太多太杂。

关键字笔记法示例如图3-5所示。

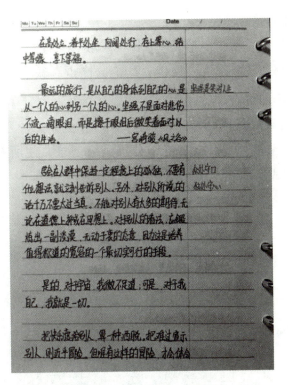

图 3-5 关键字笔记法示例

关键字的数量设定也是技巧,如果设定太多就不叫关键字了,设定太少又无法理解记录内容的意思。需要经过长时间练习,从而抓住设定关键字的要点。

3. 心智绘图笔记法

人是以树枝状联结法储存资讯,因此有人便发展出"心智绘图笔记法",由一个主题分出许多子题,将信息储藏在子题内,以求增加记忆的保留量。心智绘图笔记法的原理如下:将一个单元的主题放在正中央,使用"关键字"为核心理念,由核心主题向外扩张出副主题,每个副主题都有几个主要分枝,每个概念都用一个字词来表达,每个概念尽可能附上图片,多使用符号、颜色、文字、图画和其他形象。

总之,学无定法,记笔记的方法没有最好的,适合自己习惯就好。记笔记的过程也是思考、整理、接收的过程,还应在课后根据笔记积极复习,才能取得最好的学习效果。

4. 荧光笔记法

用三种不同的颜色分别表示重要、一般、备注三种等级，或用六种颜色分别代表定义、假设、分析、结论、优点、缺点六种不同的要素。不同颜色可以使重点突出。

5. 提纲式笔记法

将所记内容像书的目录一样，分层分级记录，使所有笔记的架构一目了然。提纲式笔记法示例如图3-6所示。

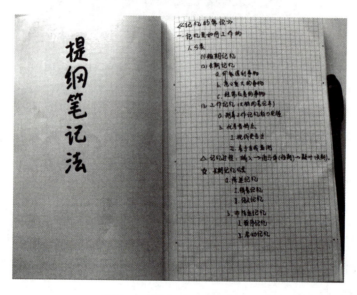

图3-6　提纲式笔记法示例

6. 思维导图笔记法

以一个中央概念为出发点，不断发散思维，用辐射线形与新观点连接，让观点越来越丰富。思维导图笔记法示例如图3-7所示。

三、记笔记的技巧及格式

1. 记笔记的技巧

1）记框架。课堂时间较紧，如果没办法及时做记录，那么，可以依据书上的内容框架记下课程的大纲。课上先认真听老师讲，课后根据自己的记忆去补充内容。这其实也能检验自己对内容的掌握情况。如果有

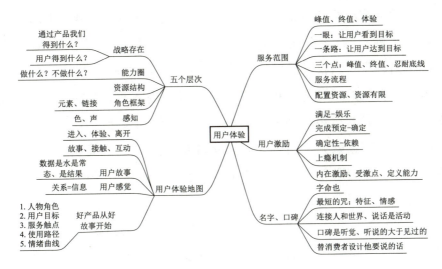

图 3-7 思维导图笔记法示例

地方实在想不起来的，可以借同学的笔记进行补充。

2）记思路，记方法。记笔记，不仅仅是把老师的板书抄一遍，那样做作用其实并不大，而且还影响听课效率。尤其是理科，重要的是记老师在讲解题目时的思路，以及一些虽不能用在大题中，却可以用在选择题和填空题中的小技巧。

3）记重点、难点和易错点。课程总会有重难点，老师也会提到哪些地方容易犯错，这些都是需要记在笔记本上的。针对不同的点，可以用不同颜色的笔来标注，这样以后翻看的时候能一眼看到。

4）笔记本的选择。最好使用活页笔记本，这样的话，在补充新知识的时候不会变限。还可买一小摞贴纸，用以分页和内容标注。有的专有名词较长，可以用符号来代替，字迹不要求太过好看，只要自己能够看清就行。在听课的过程中，有一些内容是可以直接记在书上的，等课后再去看需不需要记到笔记上。

2. 记笔记的格式

做笔记没有固定的格式和千篇一律的方法，要根据学科特点和自己的学习方法选择具体的形式。其中批注式，纲要式和符号记录法比较适合大学生的特点。

1）批注式笔记。批注式笔记是读书笔记的一种，即阅读时在书页的空白处下批语或注解。批语一般是针对某处文字所作的简要、明确的评论，如"绝妙""言之有理""入木三分""切中要害""值得商榷"等；详细的批语，可写出自己的理解、补充或批驳等。注解主要是解释字句，简要地写出有关的考证等。批注建立在对阅读内容有较深刻理解的基础之上，是阅读者的思想与阅读内容相互沟通的产物。恰当使用批注，无疑是取得良好阅读效果的重要手段。批注应力求精当、简明。同标记法一样，批注法也应避免滥用，或者在不属于自己的书刊上使用。

批注式笔记要注意以下两点。

①各种标记、符号可以自己规定，但要做到规范统一且贯穿始终，符号不能太多，标明主要的即可，否则过犹不及，徒劳无功；每种符号含义要明确并保持一致；各种符号之间要有内在联系，构成系统。

②要在理解的基础上批注，批注以理解深度为基础。因此，要尽可能看懂教材或听懂讲课内容后再作批注。最好在弄清楚层次结构、论点论据，对教材内容有了总体印象之后动笔。

2）纲要式。纲要式笔记就是用简练的语言把一篇文章或者一本书的要点，按其结构顺序编写成纲要的形式记录下来的一种笔记方式。

纲要式笔记要注意以下两点。

①语言简洁扼要。所记纲要要能概括本堂课教材或老师讲解的主要内容，要准确地反映教材或老师讲解的主题思想。

②纲目和要点要层次分明，层与层之间用阿拉伯数字标好，但用法必须统一、规范，不能杂乱无章。

3）符号记录法。符号记录法就是在课本、参考书原文的旁边加上各种符号，如直线、双线、黑点、圆圈、曲线、箭头、红线、蓝线、三角、方框、着重号、惊叹号、问号等，便于找出重点，加深印象，或提出质疑。什么符号代表什么意思，可以自己掌握，但最好形成一套比较稳定的符号系统。

符号记录法要注意以下两点。

①用自己的话。页边空白处简短的笔记应该用自己的话来写，因为自己的话代表了自己的思想，以后这些话会成为这一页所述概念的重要

提示。

②关键词要简洁。在一些虽简短但是有意义的短语下划线，而不要在完整的句子下面划线，页边空白处的笔记要简明扼要。它们会在你的记忆里留下更为深刻的印象，在你背诵和复习的时候用起来更可得心应手。

四、有效记笔记的具体实施

两周内，听到的内容会忘记80%；四周内，听到的内容只能记住5%。而写下来，记住的可能性会提高10倍。

因为未提前预习课文，不提前做预习笔记，只好在课堂上拼命记笔记，还想尽量把这些前所未闻的知识听清楚。课后，绝大多数这样干的学生，会嘟囔着"听不懂"，焦头烂额地离开教室，准备回去赶快做复习笔记"亡羊补牢"。这种做法与大脑的理解和记忆规律背道而驰，会引起不必要的紧张，延长课后学习时间，导致学生产生挫折感。学会轻松做笔记的窍门，完美地把预习笔记和听课笔记结合起来，会大大提高学习质量。

1. 预习笔记记录

用笔记来唤起对所学内容的记忆，是一个好主意。为了节省时间和精力，你需要改变习惯，不能再把阅读课文内容的工作拖到授课之后，应该把这项工作提前到授课之前。要开始认识到，在课堂上听老师讲解有关概念时，你不应是两眼一抹黑，而应当是有备而来，要把听课过程变成对自学的知识概念的回顾和理解过程。

当老师为下节课内容布置预习任务时，按老师的建议学习相关学习资料，这对你大有好处。首先，可以让你在一个相对轻松的氛围下记笔记。这样，你就能自如地运用自己的时间，做出有实效的好笔记。其次，可以给课堂上留出时间来学习理解新的知识，而不是只顾埋头在笔记本上奋笔疾书，却把消化理解的"重任"拖到课后。而且在课堂上，这些笔记可以作为很好的"听课向导"。最后，还可以给你提供时间来熟悉这些新的学科词汇、它们的含义和用法、新的概念和细节，浏览新的学习资料，从而提高听课效率。

2. 听课笔记记录

因为记忆消失很快，而老师希望你记住并且在将来应用所学知识，所以把所学内容记下来就显得十分必要。有效率、有成效地记好笔记能帮助你成为积极的学习者，把自己充分融入学习生活。有条理、有主次的听课笔记有助于深化对知识的记忆，从而在考试中取得好的分数。

第一，听取并记下老师对笔记或其他学习资料提出的任何指导意见和规则，在笔记纸的抬头下写上本节课的授课题目，使用一些速记代号记下主题词汇。

第二，保持注意力集中，密切注意导入性信息（最初几分钟）和总结信息（最后几分钟），因为这里面包含着老师想传达的最主要信息。

当然，为集中注意力，你可以不断地针对当前正在讲授的内容自我提问，比如，"我已经学懂多少？""这个主题我以前在哪里听过或者读过？""接下来会讲什么内容？""和昨天的课有什么联系？""根据目前的信息，老师会引申出什么结论？""目前所讲的内容和课文、讲义有什么联系？"，等等。

第三，上课期间要用你的作业提示单，把它放在好找的地方，作业题和考试时间始终记在醒目的位置。注意重要信息的提示信号。

第四，老师写在黑板上的内容都要抄下来，对讲义中老师引导讨论的内容做记号。要把老师下的定义和列举的内容记下来。比如，"这个过程的四个步骤……""七个特征是……""两个原因是……""四个理由是……"，等等。

注意听重要的评论，比如，"不要忘了……""一个重要原因是……""特别注意……""基本看法是……"。特别要注意老师多次重复的信息，可在笔记的左侧栏中，画星号、散列线或者其他符号，使用"关键词"栏。

第五，要勇于举手提问。老师喜欢有兴趣和好奇心的学生，因为这代表他们关注到有关信息。老师没讲话的时候，也不要停止记笔记。可以记下课堂讨论和报告、学生评论、课堂展示的图表表格等内容。圈出任何不清楚的信息，可以向老师求教或者课后到图书馆寻找答案。

3. 整理和复习笔记

整理和复习笔记，就是对预习笔记和听课笔记进行改正、修订、补充的一系列工作。它可以使笔记更加准确、完整，易于理解和记忆，也可使笔记更加条理分明。

具体步骤如下。

1）整理笔记。在笔记完成24小时之内就要进行整理，把大标题当成问题来试着回答，在需要的地方把代号和缩写恢复成原型词。

2）弄清老师讲授的各个观点和含义并互相联系、综合把握，补充个人见解，列出需要向老师请教的问题。

3）使用回忆线索系统。在笔记页左侧留下一栏3~5厘米的白边，在整理笔记时，添加一些能激发回忆的"线索"词。可以遮住右边，用左边栏内的"线索"词回忆盖住的内容。

该你试试了

"学霸"笔记

可利用两周时间分别用康奈利笔记法、关键字笔记法、心智绘图笔记法、荧光笔记法、提纲式笔记法、思维导图笔记法记笔记、分析比较各方法的特点，并找出适合自己的笔记法。

笔记做起来，下一个"学霸"可能就是你！

第三节　从容应对考试

人的一生中要经历许多次考试，入学考、期中考、期末考、毕业考，等等，可以说考试如家常便饭，伴随着我们的一生。因此，研究如何应对考试，掌握一些考试的方法和技巧，是一件十分有意义的事。

一、什么是考试

查看《现代汉语词典》,我们可以得到这样的解释:考试是指通过书面或口头提问的方式,考查知识或技能。考试主要有两个目的:一是检测考试者对某方面知识或技能的掌握程度,二是检验考试者是否已经具有获得某种资格的基本能力。单从这样的语意我们看不出考试有什么可怕,相反,考试其实是一件很好的事情,通过考试可以检查学生的学习能力和其他能力。说实话,如果考试只是考查学生知识的掌握情况,那倒也不会给人带来什么不好的感受,应该是人人都喜欢考试的。可现实的情况却并非如此,许多同学不喜欢考试,甚至因为考试而得焦虑症和恐惧症。因此,我们必须学会正确认识考试。

二、正确认识考试

学生、学习、考试、分数是几个紧密联系的概念,有学习就有考试,有考试就有分数,这是合乎逻辑和顺理成章的。

考试是教学过程的重要环节,对教师的教与学生的学起着重要的调节和激励作用。仅就学生而言,考试是对学生学业成绩检查和评定的重要方法之一,适当的考试和考查,可以促进学生学习和智力的发展。考试过程,包括学生复习、准备、考试和考后小结,是使知识系统化、加深理解和巩固提高的过程,也是培养思维能力、创造精神,锻炼提高学习能力的过程。同时,可以激励学生,使其认真反思学习过程,发现学习中的薄弱环节,修订学习计划,改进学习方法,从而提高学习效率。

现在,学校对学生学习效果即学习质量的测量,主要手段是考试。特别是用试卷进行测量,而测量的结果是用分数来表示的。试卷回答的好坏、考试分数的高低,能在一定程度上反映学生学习的情况和存在的问题。譬如,应该记住的基本知识答不出或答不完整,说明基础不牢;应该能够分析和解决的问题,不能进行恰当地分析和解答,说明知识学

第三章 优化你的学习

得死板；记住又答错的问题，甚至在演草纸上计算正确而往试卷上誊抄错了的题目，说明粗心大意，反映出学生个性方面的毛病。

通过老师批阅试卷后的讲评，同学们可以获得更多有关学习的反馈信息，如果试卷答得好，考分高，可以反思前一段学习的情况，总结经验，并坚持和发扬下去；如果考得较差，可以逐题分析，找出考得不好的原因：是不会做，还是粗心大意做错了；是掌握知识有缺陷，还是答题技巧方面存在问题；是学习基础差，还是主观努力不够。依据分析，改进学习。如果是学习基础差，过去学习欠账太多，要尽快把"欠账"补起来；如果是基础知识的掌握有缺陷，必须认真阅读课文，翻阅参考书，及时把知识方面的缺陷补上；如果是答题技巧方面的问题，以后要多做练习，尽快形成技能技巧；如果是粗心大意造成的，要在平日的学习中，注意集中精力，严谨细心，认真检查，养成一丝不苟的好习惯。

当然也应看到，考试，特别是书面考试有其局限性，用一组数量有限的题目判断、测量学生学习某门功课的效果，并不能完整准确地把学习效果全部测量出来，况且，目前学校书面试卷的命题，多数是考知识、考记忆、考机械模仿的题目，对于学生的思维能力、应变能力、创造能力和操作能力等，不可能全部如实地测量出来。

对考试分数应采取的正确态度：一方面，考试分数是测量学习质量的一个尺度，可以反映学生知识、技能掌握的情况，因此，不能对考试分数抱无所谓的态度；另一方面，也不要把考试分数看得过重，说到底，学习的最终目的不是取得高分，而是掌握知识、技能，发展智力和形成良好的思想品德。要做学习的主人，不要被考试和分数的"指挥棒"搞得晕头转向。

考试既然是学习过程的组成部分，考试分数是测量学习效果的尺度之一，在考试时尽量考出理想的成绩，是理所当然的，也是完全应该的。要考出理想的成绩，主要取决于平时学习的努力程度和知识技能的掌握情况，以及智力发展的水平，但也在一定程度上与考试时的心理状态有关。考试时，如果心理状态很好，情绪稳定，注意集中，头脑清醒，思路敏捷，临场发挥就好；相反，心理状态不佳，或出现不正常的心理，

将影响实际水平的发挥，甚至考得一塌糊涂。

三、正确对待考试紧张

一位苦恼的学生在给老师的信中写道："每次考试都紧张，平时小的测验还好，越是期中、期末这些大的考试越紧张，考试前几天就开始失眠，考试时脑子发木，明明会的题都答不出来，我该怎么办呢？"

焦虑是一种紧张不安、恐惧的情绪体验，主要表现包括两个方面：一是主观上的情绪体验，如担心、害怕、恐惧；二是运动或植物神经功能障碍的客观表现，出现坐立不安、肌肉紧张、心率快、呼吸急促、面红或苍白、出汗、口干、呕吐、尿频、尿急、头晕等症状。

适度紧张不是焦虑，有利于考试。学生在考前与考试中有点儿紧张、不安、担心，是正常的心理现象。例如，有的同学在进入考场时，心跳加快，但答起卷子来就专心致志了。在考前与考试中适度的紧张，将使学生的注意力高度集中，有助于提高复习效率和考试效率。适度紧张会充分调动学生的观察力、记忆力、思维力、想象力与操作力，从而提高复习的智力效应，取得考试的好成绩。

据调查，不少同学把考前与考试中的适度紧张看成考试焦虑症，成为心理负担，变成心理压力，形成消极自我暗示，从而影响考前的复习效率与考试的成绩。一定要区别开适度紧张与考试焦虑症。考试焦虑症是高度的紧张，无法集中注意力，考试前强烈头痛，答题时手哆嗦、双腿打颤、智力活动降低，平时记住的内容想不起来，思维迟钝等。考试焦虑症会使学生的智力活动明显下降，严重影响考试成绩。

心理活动失调的程度可分为轻度怯场、中度怯场与重度怯场三种。轻度怯场，表现为平时熟悉的知识回忆不起来，但思路还正常，答卷活动还能继续下去。中度怯场，表现为平时熟悉的知识回忆不起来，注意力不能集中，思路受到影响，答卷速度明显降低。重度怯场，表现为思维混乱，甚至出现心理活动暂时中断，双眼发蒙，发生晕场。

那么，如何防止考试期间过度紧张呢？

1）正确对待别人评价。有的同学考试前和考试中总在想：如果考不好，家长、亲朋好友和同学将怎样看待我？因而引发或加重考试焦虑。考试是自己的事，只要尽心尽力去考就该心安理得，何必受他人的言论影响呢？

2）对自己的期望要实事求是，根据自己的能力和水平定指标。有些同学产生考试高度焦虑的一个重要原因是脱离自己学习实力，盲目地与实力强的同学攀比。由于学习实力达不到，必然增加紧张与烦躁情绪。因此，正确对待自己的学习实力，正确对待自己的考试成绩，是防范考试焦虑的重要对策。

3）重视考前复习。做好复习巩固环节，考试时就会胸有成竹，自信心就会增强，焦虑就会减轻。

4）学会调节情绪的方法。在情绪发生不良变化时能够及时把情绪调整到正常状态。进入考场时给自己以积极的心理暗示：考试是检查自己学习情况的手段，目的是查漏补缺，考出真实水平就行；自己做好了充分的准备，一定能顺利通过考试，获得理想的成绩；即使出现失误，也没有什么。有这样的心理准备，可以减轻甚至消除紧张情绪，镇定、专注地回答问题。

5）淡化考试前后的紧张气氛。和同学一起分析自己的优势和潜能，增加自信；帮助父母克服传统观念，实事求是地要求自己；接受焦虑，改变对焦虑的负性评价。

6）严重者到专科医院咨询，适当用些抗焦虑药物。

四、怎样应对考试

考试，对每一个同学来说并不陌生，但是有些同学却不能正确对待考试。例如，有些同学为了骗取好成绩，弄虚作假；有些同学一听说考试，紧张焦虑，惊慌失措；还有些同学复习时粗枝大叶，答题时马马虎虎。严肃认真、沉着冷静地对待考试，才是我们应该持有的正确态度。为此，我们要做到以下三点。

高效学习方法与技巧

1. 考前系统复习

考试之前,我们应对所学的知识进行全面系统复习,抓住重点、难点,对自己学习中的薄弱环节,有针对性地安排好复习时间,可采用过电影、同学互相提问等办法来查找复习中的漏洞,以便及时补习。

2. 考中沉着答题

同学们拿到试卷后,首先要按考试要求在试卷或答题卡的相应位置写好自己的姓名、考号、座号等,然后粗略地将试卷从头至尾看一遍,一是为了检查试卷是否有错印、漏印、字迹不清等问题;二是对整个试卷做一个基本的估量,以便做到心中有数,合理安排答题顺序和时间。答题的顺序一般来说应从头至尾依次进行。遇到难题时,应本着先易后难的原则,把难题放在后面,以免耽误时间。答题时,必须沉着冷静,弄清题意。首先要把题目看完,不能只看一半;要逐字推敲题目,全面理解题意;如果碰到与自己以前做过的题相类似的题目,不要盲目乐观,要认真比较异同,以免张冠李戴。答题时,要防止想一点、写一点,在试卷上乱涂乱抹。必须对每一道题有一个全面的考虑再下笔,以保持卷面的整洁。应当把要表达的意思用本学科的语言书写完整,把话写通顺,把字写工整,不掉字,不写错别字。标点符号要规范,格式要规范。

3. 适当运用各类解题技巧

实力是获取高分的基础,技巧是获取高分的关键。对于两个实力相当的同学,在考试中解题技巧使用得是否恰当,往往会导致两人成绩的差距。对于一道题,往往有许多种不同的解法,聪明人当然用最直接、最简单的一种。在基本功扎实的基础上,应多掌握针对某些典型题型的特殊解题方法。

现在大型考试中选择题占很大比重,且选择题客观性最强,技巧也很多,除了直接选择法以外,还有其他一些方法。

1)排除法。逆向进行,从选项入手,一边审题一边排除,一个一个地排除掉错误答案,直至得到正确选项。

2)估值法。运用一些基本定义,如定义域、值域或不等式的有关知识来确定一个足够小的范围,如果四个选项中只有一个在此范围内,那么正确答案就得到了。

3）赋值法。赋值法又称特殊值法。在一些特殊形式的选择题中，给未知量赋一个便于计算的值，如0、1、-1等，来确定正确答案，往往会使题目简单化。也可以将这种思想方法推广，如特殊集合法、特殊函数法、特殊图形法等。

4）数形结合法。就题中已知条件画出合适的图形，如数轴、集合、三角函数等图像，在图像上分析而得出答案。

5）归纳推理法。原理如数学归纳法，依题目已知条件进行推理，以找出规律，归纳出正确答案。

6）在做题时，除了正常的方法外，反证法是一个很简便的方法。首先假设某一备选答案正确，再通过推导或计算来证明假设与已知条件或定律矛盾，从而否定假设的合理性，以此间接地确定应选的答案。

7）极限法。将题目条件扩展到极限情况，采用极限思维，经常给人一种豁然开朗的感觉。

4. 考后细心检查

试卷答完后，如果时间充裕，应当从头至尾细心检查：首先检查答案是否符合题意；其次检查答案是否完整；最后查语句是否通顺，是否有错字、漏字。发现错误，立即纠正。如果时间不多，应优先检查重点题目，或自己感到把握不大的题目。

该你试试了

聚焦应试技巧

- 成为考试达人，跻身"学霸"行列。
- 正视考试焦虑，化为拼搏能量。
- 预先计划，从容应考。
- 编辑整理听课笔记、预习笔记和讲义，编成有用的学习表。
- 考前一定要咨询老师，确定考试的形式。
- 熟练掌握"合理"猜测的技巧。
- 回想各类考试的应试要点。
- 在考试中，聪明地使用时间。

- 记住你的学习模式测试结论。
- 选择扬长避短的应试策略。

（资料来源：［美］Gloria Frender 著，明月译《学会学习》）

拓展阅读

一、克服拖延的十二种方法

1. 记行程日志。这样当你实现自己的目标之后，就可以回头追踪并了解哪些是有效的方法，哪些是无效的方法。

2. 每天都对自己承诺，要完成一定的惯常事务和任务。

3. 在晚上睡觉前写下你计划的任务，这样大脑就有时间详细考虑你的目标，从而确保能够成功。

4. 把你的工作细化成一系列小挑战。总是确保你得到足够的回馈。花几分钟时间尽情地享受幸福和胜利的快感。

5. 要慎重选择时间，直到你完成了这个任务才能奖励自己。

6. 小心拖延的信号。

7. 让自己身处少有拖延信号干扰的新环境中，比如安静的图书馆。

8. 障碍总会出现，但不要把你自己的问题全都归咎于外部因素。

9. 相信自己的新时间系统。注意力集中的时候就要努力工作，该休息的时候要去休息，不要有负罪感。

10. 如果仍然无法摆脱拖延，要有后备计划。毕竟没有人是完美的。

11. 根据四象限法则，先做紧急的事情。

12. 享受做"小白鼠"的时光，享受对抗拖延症中的过程。

（资料来源：［美］芭芭拉·奥克利《学习之道》）

二、蒂莫西·A. 皮切尔博士语录

1. 拖延是对生活本身的无所适从。

2. 我们在推迟自己的目标时，就相当于在拖延自己的生命。

3. 习惯不容易改变。有意识去改变，并有具体的策略，我们才能真正改变。

4. 自我改变是我每天的旅程。前进两步，后退一步，我将耐心地坚持下去。

5. 时间如此珍贵，浪费实在可惜。

6. 是时候做个承诺让自己的生活充实起来了，完成你的目标，享受人生旅程。

（资料来源：[加] 蒂莫西·A. 皮切尔/[加] 保罗·曼森《战胜拖延症》）

三、大学生培养学习习惯的方法

1）科学安排时间的习惯。要科学安排学习、劳动、娱乐、锻炼、交往等活动。要制订活动计划，安排学习时间，包括每天的阶段性安排、每周的较大活动安排、考试复习和双休日安排、寒暑假的专题安排等。做到该学学、该玩玩，该学习时不用别人督促主动学习，该活动时快快乐乐去活动。当作业量很多，要做的事情也很多，时间有限时，要学会取舍，将紧急的任务先做，比如老师明天要讲解和批改的作业先做，明天要学的新知识要先预习。给自己的学习任务排优先级。

2）课前预习的习惯。现在很多学生，不到考试不看书、不预习，上课就是听"天书"。课前预习可以提高课上学习效率，并且有助于培养自学能力。预习时应对要学的内容认真研读，理解并应用预习提示、查阅工具书或有关资料进行学习，对有关问题加以认真思考，把不懂的问题做好标记，以便课上有重点地去听、去学、去练。

3）认真听课的习惯。大学老师基本只是讲一些大致思路，不会像高中一个知识点讲一节课。会听课是搞好学习、提高素质的关键。听课要做到情绪饱满，精力集中；抓住重点，弄清关键；主动参与，思考分析。

4）上课记笔记的习惯。在专心听讲的同时，要动笔做简单记录或记号。对重点内容、疑难问题、关键语句进行"圈、点、勾、画"，把一些关键性的词句记下来。有实验表明：上课光听不记，仅掌握当堂内容的30%；一字不落地记也只能掌握50%；而上课时在书上勾画重要内容，在书上记有关要点的关键语句，课下再去整理，则能掌握所学内容的80%。

5）多思、善问、大胆质疑的习惯。上课要严肃认真、多思善问。"多思"就是把知识要点、思路、方法、知识间的联系认真思考，形成体系。"善问"不仅要多问自己几个为什么，还要虚心向老师、同学及他人询问，这样才能发现问题，增长知识，有所创造，要做到决不轻易放过任何一个问题。

6）敢于发表不同见解的习惯。敢于怀疑、敢于突破旧观点，敢于对问题进行讨论、争论、发表自己的看法，有理有据地阐明自己的观点。

7）发表自己的看法，声音要洪亮，表述要准确，逻辑要清楚，要先把问题想好。"想"是"说"的先导，只有"想"得周密，"说"得才有条理，才透彻。

8）阶段复习的习惯。经过一段时间的学习，要对所学知识进行总结归纳，形成知识网络。这样可以进一步理解知识间的联系和区别，有利于知识的整体建构。所有记不牢、记不住的知识，是因为你在大脑重复次数不够多。将知识点重复9次以上才能形成永久记忆。比如记忆英语单词，①初次记忆，记忆单词的拼写、中文意思、词性；②再次记忆，记词组搭配，例句，单词的变式；③利用记忆曲线的几个节点重复记忆，在5分钟、30分钟、12小时、1天、2天、4天、7天、15天后复习。

9）协作研讨的学习习惯。遇到不会的事情不要立刻就开口问，自己先想办法解决，先收集一些这方面的相关资料，然后结合自身情况来判断，这样能够更加了解自己问题所在，而不是随便就丢出一个没头没脑的问题给别人。如果自己都不知道自己的问题出在哪里，谁也不能帮到你。同时要学会团结协作、相互配合、合作完成学习任务。要善于帮助别人，也要善于向别人学习，通过协作研讨，使自己在叙述、解释、验证事实、解决矛盾等方面调整看法，实现对知识的科学建构。

10）动手操作的习惯。动手操作非常重要。对每一个实验、每一件学具都要亲自动手操作。通过操作，既锻炼了手和脑，又能帮助理解，使知识记忆深刻。

11）利用所学知识解决实际问题的习惯。要做到将书本知识和实际生活相结合，把知识运用到生产生活中去，在生活和实践中验证知识，培养自己的实践能力。

每天用心学习，大学四年将会过得很充实，毕业时将会更容易找到一份好的工作。

（资料来源：安徽学联《大学生都应养成的高效学习习惯》）

四、名人笔记

读书使人明智、使人进步、使人完善，比读书更重要、要求更高的是记笔记。通过笔记可以记录读书过程的所思、所感、所得，让读过的每一本书都深深融入自己的头脑、融入自己的内心。因此记笔记不仅应该成为伴随一生的习惯，更应成为内化于心的个人修养。中外一些成功人士非常重视做笔记。

1. 钱锺书

杨绛先生在《钱锺书手稿集》的序言中说，许多人认为钱锺书记忆力特强，过目不忘，其实他只是好读书、肯下功夫，还勤勤恳恳做笔记。他做的外文笔记有178册、34 000多页；日札有23册、2 000多页。由此可见，这数量惊人的笔记才是他"神奇"记忆力的源泉。

2. 钱学森

《钱学森手稿》是一份特殊的学术笔记，真实地记录了钱学森的整个思维创新过程，以及他对待科学严谨缜密的态度和求实探索的精神。

3. 苏子容

相传和苏东坡同时代有一位学者苏子容，将历史知识记得滚瓜烂熟。苏东坡向他请教读书的经验，他说："我曾经按照年月排史实，这样就编写了一遍，以后又在史实下注明年月，这样又编写了一遍。编来编去自然就熟了。"

4. 张溥

张溥是明朝著名文学家。传说张溥的天资并不聪颖，记忆力很差，读过的书转眼就忘了，曾被老师罚抄文章十遍。张溥发现，一边写一边在心里默读，很快就领会了文章的精髓，并熟练地背诵下来。"眼过千遍，不如手过一遍"，张溥一直坚持这样的学习方法，后来成为很有名望的文人。他还把自己的书房取名为"七录书斋"。

5. 爱迪生

爱迪生总是随身带一个小笔记本，一想到什么新鲜问题和见解，就立刻记在里面。

第四章
释放无限潜力

高效学习方法与技巧

亲爱的同学们,你们是否遇到过这样的迷茫:进入大学,却找不到奋斗方向?足够努力,却始终无法突破自我?渐渐与同学拉开差距,却又对自己无能为力?未来的我们,如何踏入职场?

素材一

"人的潜能是无限的",这是我们经常说的一句话。遇到事情、碰到挫折我们都会想方设法去解决,努力完成自己之前无法完成的任务,或解决从未碰到的棘手问题。中国有句古话"兵来将挡水来土掩",包含了淡定从容的心态和解决一切问题的勇气。因此,迷茫并不可怕,可怕的是被恐惧吓到,停下学习的脚步,不再进步,放弃了与时间成为朋友的机会,让它成为你的敌人。

我们正处在数字化时代带来的变化中,这个世界需要不断学习、不断改变的人。这是一个终身学习的时代,提升学习持续力,发挥潜能,激励并使自己有能力去获得终身所需的知识、技能,并有信心、有创造性地应对未来。

第一节 学会成长

学习是终身的过程,贯穿人的一生。持续的学习过程,用一句话概括就是"活到老学到老"。余光中、席慕蓉等著名作家,即使年事已高,每天还是按时学习;巴菲特这样的投资大师,在学习这一件事情上,极为专注。这些成功人士具有共同点——有的人身体特别健康,心情很开朗;有的人家庭非常和睦,子女也很出色;有的人事业非常成功,人际关系又很好。学会学习,我们需要夯实基础,即强身健体、控制好情绪以及改变思维。

一、健康成长的基石

都说"身体是革命的本钱",但生活中很多人觉得:想要成功不得不牺牲健康。那什么是真正的健康？简单讲就是有充沛的能量，能保证可以做自己想做的事情。虽然一辈子很长，但一天其实就是浓缩版的一生。从早上起床，到晚上睡觉，相当于经历了从出生到死亡的一个完整过程。尤其是当你对明天存在不确定性的时候，这种感觉就更加强烈。如果把每一天当成一辈子来过的话，我们显然希望自己拥有足够的精力，每天活得更加精彩。于是，我们必须保持健康的体魄。那么，具体该怎么做呢？

1. 改善饮食，从好的食物、好的营养中获得好的能量

1992 年，美国农业部公布了一份"食物指南"，以比较直观的图形方式指导人们从食物中均衡地摄取营养。在经过多年的衍变之后，这份指南成了人所共知的"营养金字塔"。一份健康食谱应该遵循"七三原则"，也就是 70% 的蔬菜搭配 30% 的蛋白质、碳水化合物和脂肪。营养金字塔如图 4-1 所示。

图 4-1 营养金字塔

2. 有一个科学的健身运动规划，能够适应忙碌的生活

首先，每个人都应该选择至少一种适合自己的运动方式，当然在条件允许的情况下，首选自己喜欢的运动，如游泳、打羽毛球或篮球等。其次，坚持运动是一件非常难的事情。我们经常会抱怨说平时太忙了，根本抽不出时间运动。所以，如果只有半个小时可以运动，那么应该在有限的时间内，找到最好的方式，做到健身效率最大化。

3. 改善睡眠质量，保证精力充沛

弗雷德·勒思金教授说，我们必须直接面对的一点是，很多人已经不知不觉成了高科技的奴隶。一项调查显示，美国的年轻人一天拿出手机的次数大约是 200 次。这是个很惊人的数字。各位同学不妨想想看，我们每天和身边的亲人或朋友的谈话能超过 200 句吗？很多人每天睁开眼睛的第一件事就是看手机，睡觉前的最后一件事还是看手机，做事情的时候也会时不时看下手机。很多人并不知道，手机屏幕其实是在不停闪烁着的，只是闪烁速度快到我们感觉不到而已。这些闪烁会导致人脑过度兴奋，注意力下降，进而影响睡眠。弗雷德·勒思金教授还说，一项研究显示，在 2 000 名参与者当中，能够把注意力持续集中在一项任务上的平均时间只有 8 秒，这是一个非常令人震惊的研究结果。

所以，弗雷德·勒思金教授的第一个建议是：必须清晰地划定出人类和高科技产品之间的界限。比如，每天减少看手机的次数和时间，将这段时间空出来做其他事情，如运动健身、看书、画画或与亲人朋友面对面沟通等。在这段时间里，除了看手机或者上网，做任何事情都是可以的。弗雷德·勒思金教授的第二个建议是：不要患上"信息焦虑症"，要学会筛选出对自己最重要的信息。

4. 防患于未然，提高对疾病的预防能力

保持身体健康并不意味着一定不生病。那怎样才能有效地预防疾病？越来越多的医生认识到，治病已不仅仅是等身体有了病理反应以后才去想如何医治，更重要的是提前预防疾病的产生。

二、自我情绪的主宰

丹尼尔·戈尔曼是哈佛大学心理学博士，现为美国科学促进协会（American Association for Advancement of Science，AAAS）研究员，曾四度荣获美国心理协会（The American Psychological Association，APA）最高荣誉奖项。20 世纪 80 年代即获得心理学终生成就奖，并曾两次获得普利策奖提名。

第四章 释放无限潜力

在丹尼尔·戈尔曼的著作《情商》中，关于管理好情绪，他提出了六点建议：第一点，训练捕捉情绪的能力，也就是"情绪察觉"；第二点，说出你的问题；第三点，重新设立目标；第四点，预估结果；第五点，筛选方案；第六点，执行方案。

当情绪产生时，你是否可以清楚地认识到自己正处于其中？这就考验一个人捕捉自己情绪的能力了。这一点看似简单，但在没有经过任何训练的前提下，要做到其实很难。每个人的情绪诱因不尽相同，对人的影响也有大有小，持续的时间有长有短，情况非常复杂。更重要的是，人在生气、发泄的时候往往是不自知的。比如，当听到旁边有人因为情绪激动而声音越来越大时，如果你建议他放低声量，他可能还会说："我声音怎么大了？"情绪一旦上来，就容易听不进任何人的话，只有等情绪缓和了，才有可能意识到自己所做的一切。所以，"情绪察觉"非常重要，如果做不到这一点，就无法向后面五点迈进。

通过反复训练，我们可以更敏感地认知到自己的情绪状态。一旦察觉自己有情绪，可以尝试着深呼吸，心里默数，通过调整节奏感缓和自己的情绪，让大脑开始思考。

让大脑思考什么呢？怎样才能实现丹尼尔·戈尔曼所说的第二到第六点呢？

丹尼尔·戈尔曼的建议是，说出你现在碰到的问题和当下的情绪。只有大胆地把这些说出来，你才真正知道发生了什么。这听上去很简单，却是知易行难。当情绪到来时，人们心里总是觉得憋闷、不舒服，却不知道为什么会这样，甚至不愿意承认有这样的情绪。把情绪说出来其实是一个很好的缓解途径，同时也可以将问题明确化。

比如，你现在的情绪很糟糕，甚至想把自己手上的东西给砸了。当你知道自己处于这样的情绪状态时，完全可以做下面的推演，就像在自问自答一样。

问：今天到底发生了什么？现在情绪怎么样？

答：……

问：这件事为什么会发生？避免或减少类似事件发生，需要设立什么目标？

答：……

问：具体怎么做才能避免类似事件再次发生？

答：……

经过这样的一轮思考和一连串提问之后，会惊喜地发现自己可以想到不少解决方案。

第五步，我们可以对几个方案进行比较，最终筛选出一到两个最优方案并去执行。

我们不可能没有情绪，有情绪也并不可怕，可怕的是持续陷在情绪当中，这样对解决问题没有任何帮助。通过训练，我们可以对自身情绪有敏锐的洞察力，然后能用自问自答的方法找到一些可行的解决方案。

三、思维方式的转变

1. 成长思维

卡罗尔·德韦克将成长思维定义为"成长型思维模式"。这种思维模式的精髓就是认为"人的能力、智力等是变化的，是可以拓展的"。别小看这一种思维方式，这种思维背后其实是一种人生态度。

成长型思维模式有哪些主要特点呢？成长型思维模式认为人的能力、智力可拓展，与之相反的固定型思维模式则认为人的能力、智力是固定不变的。二者由于对于能力、智力的不同看法，引申出截然不同的人生态度。两种思维模式对待挑战、批评、努力均持相反观点。面对挑战，成长型思维模式者倾向于迎难而上，他们把挑战看作学习的机会，关心的不是表现得是否完美，而是能否从中学到东西，在挑战中发掘乐趣；而固定型思维模式者则尽量避免挑战，因为他们不想暴露不足，害怕失败，他们希望自己是完美的象征，容不得一丁点的失败。面对批评，成长型思维模式者愿意倾听意见、承担责任，从中学习；而固定型思维模式者倾向于忽视批评，或者把错误怪在别人头上。对于努力，成长型思维模式者非常相信努力和奋斗的意义，他们对自己不设限，乐于发挥潜能；而固定型思维模式者不相信努力的意义，甚至认为只有能力不足、智力低下的人才需要努力。两种思维模式对比如图4-2所示。

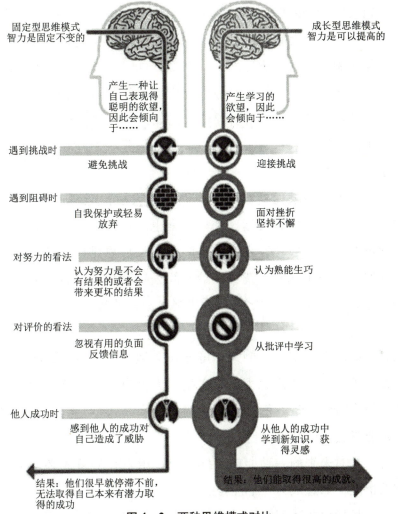

图4-2 两种思维模式对比

既然成长型思维这么重要，那我们要如何培养成长型思维呢？

首先，要接受。每个人都是既有成长型思维，又有一部分固定型思维的。我们需要接纳自己的固定型思维，当遇到困难想放弃的时候，当遇到阻碍想逃跑的时候，先静下来，接纳这个想逃的自己。

其次，会观察。观察是什么激发了我们的固定型思维。可以想一下，最近是什么事情激发了你的固定型思维模式？当时你有什么感觉？脑子里有什么话浮现？比如，有人说："当我承受很大压力的时候，我的固定型思维模式人格会出现。它会告诉我'你已经做到头了'"。

然后，去命名。我们来给固定型思维模式人格起个名字。比如，有人说："我的固定型思维模式人格叫'赛斯·罗根'，他像一个懒惰、无能的人，一直坐在我大脑里，每当我成功的时候，他就告诉我'如果你永远不可能复制这样的成功呢？'"

最后，是教育。也就是教育你的固定型思维模式人格。当他出现的时候，可以试着和他沟通，去引导他。比如，当他再次说"你不行"的时候，你可以告诉他"虽然我有可能失败，但是我愿意试一下，你可以对我有信心一些吗？"

世上没有人能随随便便成功，我们相信天赋，但我们更崇尚努力。迈克尔·乔丹并非天生就会运球，毕加索也非一出生就会画画，即使天才也要通过努力才能成功。当我们了解了成长型思维模式的力量，明白通过怎样的步骤去实践时，就可以给时间去打磨自己，做出更具成长性的选择，走步步登高的人生之路，活出终身成长的自己。

2. 阶梯思维

脑科学家研究表明，一个人不可能长久地去做一件事，60%的可能性并不是缺乏自制力或意志力，其实是因为没有找到正确管理自己行为的方法。很多时候，是我们给自己定的目标太高太远，阶梯思维告诉我们，一定要学会区分梦想、目标和步骤。

梦想：是对未来的一种期望，指在现在想未来的事或必须努力才可以达到的情况。如想成为一个优秀的销售员。

目标：是指想要达到的境界或目的。目标可以量化。如读《影响力》这本书，可以在21天内读完。

步骤：是指事情进行的程序。如每天花两个小时读《影响力》。

3. 韧性思维

巴顿将军曾说过："衡量一个人成功的标志，不是看他登到顶峰的高度，而是看他跌到低谷的反弹力。"请观察图4-3所示的人生曲线示意。

第四章 释放无限潜力

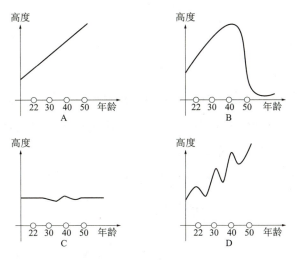

图 4-3 人生曲线示意

该幅图中四个选项代表的意义分别为：

A. 年轻时，谁不渴望人生"开挂"，扶摇直上九万里；

B. 在受到挫折之后，呈下跌趋势；

C. 一生平淡无奇；

D. 波浪式上行，既有波峰，也有波谷，反弹力强。

韧性，英文为 Resilience，原本是物理学概念，指物体受到外力挤压时的回弹，一般被用来衡量金属。引申为面对严重威胁时，个体的适应与发展仍然良好的现象。韧性思维对于个人来说非常重要，因为如果思维韧性不够，你就无法彻底全面地解决复杂问题，遇到问题时就容易放弃。那如何才具有强大的韧性思维呢？

1. 自我施压

一是在熟悉领域，用更高标准要求自己，做到极致；二是在陌生领域，敢于接受挑战，在干中学，在学中干。

2. 能量控制

一是身体能量，需要规律饮食和运动；二是头脑能量，需要不断学习和吸收新知识、新技能；三是情感能量，需要倾听与诉说、理解和体谅；四是精神能量，需要对世界的敬畏、对自我的探索，包括价值观和人生观的探索。

该你试试了

逆向思维

在应用逆向思维的人中,最厉害的应该是巴菲特的好友——查理·芒格先生了。在1988年哈佛的演讲中,谈到如何过上幸福生活的时候,他给出了"如何过上痛苦生活的四种方法"。

第一味药:要反复无常,不要诚心做你正在做的事。只要养成这个习惯,你们就能够绰绰有余地抵消所有优点共同产生的效应,不管那种效应有多么巨大。

第二味药:尽可能从你们自身的经验获得知识,尽量别从其他人成功或失败的经验中广泛地获得。

第三味药:当你们在人生的战场上遭遇第一、第二或者第三次严重失败时,就请意志消沉,从此一蹶不振吧。

最后一味药:为了让你们过上头脑混乱、痛苦不堪的日子,请忽略小时候人们告诉我的那个乡下人故事。曾经有个乡下人说:"要是知道我会死在哪里就好啦,那我将永远不去那个地方。"大多数人和你们一样,嘲笑这个乡下人的无知,忽略他那朴素的智慧。如果我的经验有什么借鉴意义的话,那些热爱痛苦生活的人应该不惜任何代价避免应用这个乡下人的方法。

在这个过程中,芒格用的就是逆向思维方法,反过来想:要解出 X,得先研究如何才能得到非 X。在这个案例里面,$X=$ 如何过上幸福的生活?非 $X=$ 如何过上痛苦的生活,当我们了解了非 X 的内容的时候,我们就清楚了 X 是什么。

(资料来源:[美]查理·芒格《穷查理宝典》)

第二节 学用合一

学习很重要,学会学习更重要,它是我们能学到的最基础、最重要的终身技能。有哪些重要的技巧和方法,能使我们成功度过大学这一阶段呢?

一、"5 小时原则"

本杰明·富兰克林是美国的开国元老之一。他有许多光环与头衔,他既是美国最受尊敬的政治家,又是成功的企业家;既是多产的作家,又是著名的发明家。可以说,他是许多杰出人物的生命总和。一个人究竟是如何在一生之中取得这么多成就的呢?

10 岁时,富兰克林离开校园,开始在家做他父亲的学徒。年少时的他,除了非常热爱阅读外,并没有展现出过人的天赋。成年后,富兰克林坚持在每周的工作日(周一到周五)花一小时来学习,累积下来,每周就有五小时。富兰克林的这项习惯,便被称为富兰克林的"5 小时原则"。5 小时原则可用图 4-4 表示。

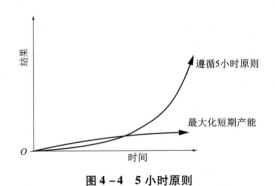

图 4-4　5 小时原则

富兰克林每天的作息包括:早起阅读写作、设定个人目标并追踪成效、与志同道合的商人或匠人聚会、将想法付诸行动、反省自己。每一天,富兰克林都会在繁忙的一天中抽出一小时践行他的"5 小时原则",这看似使他当天完成的任务减少了,但从长远来看,这可以称为他为自己做出的最好投资。

1. "5 小时原则"的核心关键

对现代人来说,"5 小时原则"的核心关键是"给自己制造空白时间"。国际象棋大师和世界武术冠军乔希·维兹勤认为,他并没有挤压一天的时间来获得最高生产率,恰恰相反,他有目的地在一天内创造闲暇时间,以使自己有"空"来学习、创造,能更高效地做事。他解释道:"我构建的这种生活使我有时间发展一些创造性的想法,并且能够使我和同事之间的关系更加融洽。在这一创造性过程中,效率很容易得到提高,而且这种微妙的内部工作在紧急关头也能够发挥作用。"

维兹勤的"空白时间"与富兰克林的作息有很多相似的地方,都是针对一天天的累积和终身学习的看法,也是"5小时原则"的体现。

2. 给生活留白的作用

给生活"留白"能够使我们实现以下目标。

1)规划学习。让我们能够认真考虑自己想要学习的内容。我们不应只为那些想完成的理想树立目标,也应为那些想学到的知识树立目标。

2)专门练习。我们可以利用一些已被证实的原则进行专门练习,从而使自己得到提高,而不是漫无目的地去做事;或者练习一些我们希望获得的特殊技能。

3)沉思。这能使我们对于学到的经验产生更多体悟和吸收新的观点,也能使我们积累一些想法,这样能产生创造性的突破。散步是处理这些想法的一个好方式,贝多芬、达尔文、乔布斯和杰克·多西都是散步的爱好者。另一个有效的方式则是与同伴沟通交流。

4)学习留出时间。包括阅读、谈话、参加策划、上课以及观察他人等。

5)出现问题时解决问题。大多数人在遇到问题时,会选择匆忙处理,以便能够把一天要做的事情做完。事实上,留出空闲时间能够使你在小问题转变为大问题之前把它们解决掉。

6)做小实验,获得潜在的回报。无论这个实验是否成功,它都是你学习和测试想法的一个机会。

"5小时原则"将专注学习当成一种生活方式,长远来看,我们将会收获颇丰。所以,各位同学准备好实践"5小时原则"了吗?先从一周读一本书开始怎么样?

【案例】

"5 小时原则"反映了一个最基本的道理:最聪明、最成功的那些人,其实正是那些能够持续用心学习的人。既然持久的学习者往往能获得成功,那么让我们来了解哪些企业领导人热爱学习,并奉行"5 小时原则"。以下将介绍两位世界知名企业领导人。

1. 比尔·盖茨

微软(Microsoft)前董事长比尔·盖茨,于 1995 年到 2007 年,连续 13 年蝉联世界首富。他是一位书籍爱好者,每年都会读 50 本书。每年年底,盖茨都会在自己的"Gates Notes"上发表他推荐的书单。

2. 马克·扎克伯格

脸书(Facebook)执行长马克·扎克伯格也是阅读的爱好者。在 2015 年年初,他许下每两周要读至少一本书的愿望,并希望通过阅读将世界上的人联结起来。

二、高效的学习方法

1. 斯科特·扬学习法

斯科特·扬(Scott Young),加拿大马尼托巴大学商科毕业,如今经营着世界上最大的学习博客之一。大学期间,斯科特·扬用了 12 个月,用自创的学习法通过互联网完成了麻省理工学院四年 33 门计算机课程,从线性代数到计算理论,并最终通过所有考试。按照他的进度,读完一门课程大概只需要 1.5 个星期。

1)仪式

准备好学习物品,做个眼保健操,把准备学的内容先浏览一遍,了解内容框架、重点。最后盖上书本让时间流逝一分钟,静下心。当学习具有仪式感,感觉会是另一番滋味呢。

2)具体步骤

第一步:阅读。第一遍看目录,了解重点在哪些章节,这一节大概用来解决什么问题。学习某章节前,先看章后习题,圈出术语,这个术语基本上就是本章的知识点了。然后带着术语去理解书中的图表、例题以及案例。

第二步：回顾。学完一章之后，重新一页一页翻过去，回顾主要知识点、概念，知道这一章讲什么内容；

第三步：做题。找例题，做例题，做完对答案，完整地抄一遍标准答案。如果做了五个以上例题还是没有头绪，那就在答案中圈出关键词，结合章节里的术语再去阅读一遍相关知识点。如果以上步骤重复几遍依旧没有进展，说明你学的知识比较高深，不是一时半会能弄清楚的。

3）放松

身体能量：集中练习是很累人的，最多可坚持 1 到 1.5 个小时。2 个小时的高效学习时间可分为两段，一段 50 分钟左右，中间休息时可以补充能量。

情绪能量：完成规定任务量之后，在某个热情高涨的时候中断学习。在感觉良好的时候主动结束，你就会对下一次的学习充满期待。时间一长，我们能记住关于一件事物的主要部分其实是事物留给我们的感觉而不是事件本身。

4）时间安排。每个人的高能学习时间段可能不一样。观察自己长期的活动状态，了解自己在哪一个时间段学习效率比较高，然后制订合适的时间计划，并在学习之前休息，防止学习过程中产生疲劳。

2. 西蒙学习法

诺贝尔经济学奖获得者西蒙教授曾提出这样一个见解："对于一个有一定基础的人来说，他只要肯下功夫，在 6 个月内就可以掌握任何一门学问。"

西蒙教授立论所依据的实验心理研究成果表明：一个人 1 分钟到 1 分半钟可以记忆一个信息，心理学把这样一个信息称为"块"；假设每一门学问所包含的信息量是 5 万块，如果 1 分钟能记忆 1 块，那么 5 万块大约需要 100 个小时，以每星期学习 40 小时计算，要掌握一门学问大约需要 6 个月。为了感谢西蒙的这个研究成果，教育心理学界称这种学习法为西蒙学习法，又名"锥形学习法"。西蒙学习法示意如图 4-5 所示。

第四章 释放无限潜力

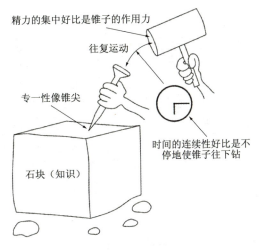

图 4-5 西蒙学习法示意

这里所说的 6 个月是一个估算值,并不是绝对的,因为每门学问不一定就包含 5 万块信息,每天也不一定只学习 8 小时,每周也不一定只学习 5 天。

西蒙学习法可以概括为四个步骤:第一步,选择一门学问;第二步,拆分这门学问,拆分到可以比较容易学习为止;第三步,持续学习 6 个月,各个击破被拆分的小部分;第四步,掌握这门学问。

西蒙学习法具体内容如图 4-6 所示。

3. 费曼学习法

理查德·费曼(1918—1988 年),1965 年获得诺贝尔物理学奖,美籍犹太人。但是他最有名的不是这些,而是他的学习方法——费曼学习法。这种学习方法被称为高效、终极的学习方法。这种方法非常简单,看到的人都可以马上理解,只要愿意也可以马上就投入应用。费曼学习法的步骤如图 4-7 所示。

1) 选择目标

选择一个概念,并学习这个概念。

选择一个想要理解的概念,然后拿出一张白纸,把这个概念写在白纸的最上边,并尽可能完全说明这个概念。记住,光看不行,要写出来,最好用自己理解的话写出来。在写的过程中你会发现,光看会不一定就能写

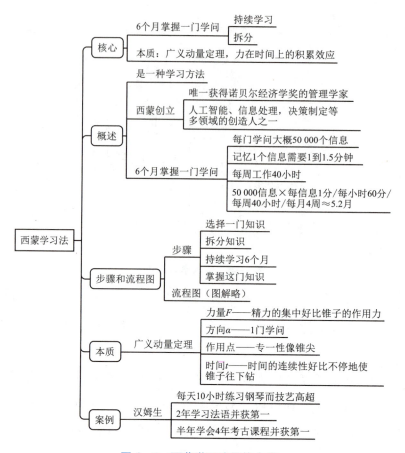

图4-6 西蒙学习法具体内容

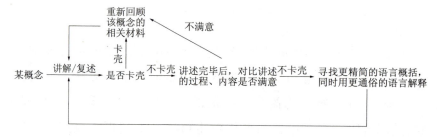

图4-7 费曼学习法

出来。写不出来,再回头看下概念,看看哪里还不懂。如此,经过几个回合,能把概念写出来了,这个概念就基本掌握了。

2)教学

制造一个场景,将概念讲给别人,如果是真的传授,那更好。

把自己想象成一名老师,对面有一个学生,把这个概念讲给这个学生听。在讲的时候或许会卡壳，这说明你还没有完全掌握，或者说，没真正掌握，还没有抓住这个概念的实质。这就是知识概念的薄弱点。这个时候应该回过头再学习一下这部分内容，直到真正懂了，能轻而易举地讲给对面的学生。

3）纠错并深入学习

无论何时感觉卡壳了，就去回顾学习资料。

无论何时感觉不清楚了，都要回到原始的学习资料，重新学习你感到不清楚的那部分，直到顺畅到可以在纸上解释这个部分为止。

到了这一步，才说明你真正掌握了这个概念。但也别急，做到这一步，掌握的还不是很扎实。

4）简化。为了让讲解通俗易懂，简化语言表达是最终的目的。

记住是用自己的语言，而不是学习资料、课程中的语言来解释概念，是用自己的话讲出来。

三、有效的学习工具

如果把人生比作登山，那么学习"学习的技巧"，就像是登山者在背包里准备一些合适的装备。攀登山峰时如果有比较可靠的工具，就能顺利很多。

在应试教育环境下成长的很多同学觉得，不管用任何途径，只要拿到高分就可以了。所以很多人放弃学习登山的技巧，疏于准备学习的工具，并没有觉得这是一个刚需。但想象一下，如果有一天一座山峰横亘在你的眼前，你没有合适的学习工具，这个时候除了后悔，还能做什么呢？

所以，我们在平时就要掌握一些有用的学习工具，这样一方面能建立自信，另一方面，当遇到困难的时候，也能非常从容地应对。遇到冰山，我就换上登山鞋，从包里拿出冰斧；遇到泥路，就拿出登山杖，一路向上。

1. 工具一：知识结构图

知识结构图有很多种形式，大家可以在网上查到，比如思维导图、鱼骨图、树状图、循环图。它其实就是把知识用关系图的形式表现出来。知识结构图的好处在于：可以让你观察到所学知识的全貌，看到各种概念之间是如何相互联系又相互支撑的；可以看到每一个细节是怎样联系起来构成整体的；而且运用知识结构图，不管是简单还是复杂的材料，都比较容易理解和记忆。

1）创建知识结构图的步骤

第一步：对知识做"舍与留"，留下重要的内容，舍弃无关紧要的部分；

第二步：选择一个"主题"，把它写在纸的中央，使用一种颜色；

第三步：选择一种"知识结构"。建议可以看PPT的"插入图表"，里面有各种关系图模板，经常看这些关系结构，在脑子里形成结构图储备；

第四步：把"主要的下级标题"写在大标题的边上，使用另一种颜色；

第五步：把相关联的部分"连线"。根据需要重复下级标题和连线这两步。

2）如何用知识结构图学习

第一步：仔细研究你的知识结构图；

第二步：用一张空白的纸把这幅图默写出来，越快越好；

第三步：对比复制品和原件，检查一下是否有位置错误，或者是概念遗漏；

第四步：修改图中的错误，并再一次研究原图；

第五步：重复以上步骤，直到你能正确复制。

要注意的是，如果你不是彻底重画一遍，只是修正错误，那可能你再次复制这个图的时候还会犯同样的错误。

2. 超级笔记系统

超级笔记系统是一个适合线下课程学习的工具，学生80%的时间用来听，20%的时间用来记录。记忆和理解水平大幅度提升。专注于听老师在讲什么，发散你的思维，这样你不仅能记住书面内容，还能记住空间信息。

如何做好超级笔记。从图4-8所示的笔记表可以看出，笔记表一共分三栏。

1）"关键词"栏

①填写关键词，就是你对课程的哪个关键词比较感兴趣；

②在关键词下方，写上出现的页码，方便快速查阅。

2)"预习笔记"栏：

①在预先阅读的同时记下笔记；

②留意文章的组织结构：大标题、次级标题、示例、粗体；

③使用空格和缩进，让笔记显得结构层次分明（推荐线上工具"幕布"）；

④用圆点、小方块区分不同结构，注意不要用阿拉伯数字来排序，这些数字会让你分心，尤其是有强迫症的人；

⑤用词语或简单的句子；

⑥留一些空白，方便后续补充；

3)"听课笔记"栏

①用同一张纸记录听课内容；

②把这张纸当作你的听课指南，留意"关键词"的内容。

词汇缩写索引指南

鲸——鲸鱼
须——须鲸
座——座头鲸

科目：科学
日期：9/27
姓名：蕾切尔·布莱尔
海洋科学 单元

关键词	预习笔记	听课笔记
鲸 44	鲸	

须鲸
45
	须鲸（大标题）
	• 使用鲸须（次级标题）
	• 无牙（细节）
	  ■ 像羽毛
	  ■ 过滤浮游生物
	• 大小
	  ■ 20~100英尺
	• 成群游弋
	  ■ 5~30头一起
	  ■ 雄性领头
	• 三种类型
	  ■ 座头鲸（例子）
	  ■ 蓝鲸
	  ■ 鳍鲸
		• 褶状喉
		  ■ 吞水
		  ■ 须向后推过滤水
		   ▲ 捕食浮游生物
		• 经济价值：
		  ■ 肉
		  ■ 油
		  ■ 骨

座头鲸
46
	座头鲸
	• 有名之处：歌唱、雄性
	• 大小：
	  ■ 62英尺
	  ■ 53吨
		• 颜色：（次级标题）
		  ■ 黑色（细节）
		   ▲ 非黑色部位/身体下方（次级细节）

图4-8 笔记表示例

3. 文学笔记

文学笔记的结构包括：书名、作者、背景、人物（每人3~5个形容词）、矛盾冲突、特殊影响、故事情节和反应/启发。这个工具很适合在阅读小说时做笔记，你可以把书里的人物关系、故事情节等用一张纸记录下来。文学笔记示例如图4-9所示。

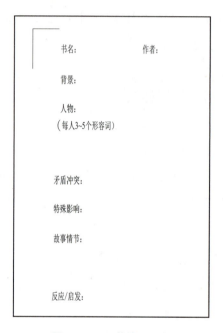

图4-9 文学笔记示例

总之，用知识结构图，可以让知识化繁为简，达到建立知识体系和迅速记忆的目的；用超级笔记系统，可以让你在学习一门新课的时候更加高效；用文学笔记来读小说和写影评，是一个很不错的工具。

该你试试了

戒掉手机依赖症

进入大学后，很多同学得了手机依赖症，甚至有的人病入膏肓，这样说并不夸张。那如何戒掉手机依赖症呢？各位同学不妨拿出勇气，依靠自制力来戒掉手机依赖症。主要有以下步骤。

1. 找参照物，下定决心。

所谓找参照物，就是找一个比自己优秀的可以比照的人。每个人的

第四章 释放无限潜力

朋友圈子里都有比自己优秀的人,他们就是自己的参照物。既然大家水平差不多,为什么他可以做到的事情,我做不到?

2. 当行动派,做出计划。

买一个漂亮的本子,根据自己的实际情况制订计划。

3. 安装三个好用的 App

下文介绍三个常用的 App。

朝夕日历:一个公众号,专注于时间管理。里面有各种有趣的、有助于提升自己的活动。比如最火的 21 天早起计划。

我要当学霸:一款监督软件。我们可以设置学习时长,然后选择监督模式。一共有三款监督模式。

咕咚:运动社交平台,可以加入同城线下跑团,也可以记录自己的跑程。

4. 培养兴趣爱好

培养兴趣爱好,可以是瑜伽、乐器、打球、摄影、画画,也可以是书法、插花、绣十字绣、烹饪、种植、旅行,还可以学习一门外语,或者自己感兴趣的任意一件事情。

5. 利用好早晚时间

我们每天玩手机最多的时间就是早晨和晚上。如果能利用好早上与晚上的时间,那么就可以解决主要问题了。

早晨:使用"朝夕日历",加入 21 天早起计划,也可以邀请好友一起,早起打卡;打卡后简单洗漱,使用"咕咚"App 出门慢跑半小时。晨跑给人一整天的清爽,也塑造人健康的体魄。

早餐时间:把手机放在距离自己两米外的地方。放得远,是避免边吃饭边玩手机。

等车和坐车时间:开启"我要当学霸"App,把时间设定在一个小时。一旦设定,就意味着这一个小时不能动手机,否则就要接受惩罚。既然玩不了手机,就可以欣赏沿途风景或观察身边发生的事情,或者在头脑中做一个日常计划,想想一天发生的事情以及需要改进的地方。

晚上：散步半小时，阅读一小时，兴趣爱好一小时。这三项长期坚持，定会收获意想不到的效果。

6. 找人互相监督

如果觉得自己坚持不下来，找一两个朋友互相监督鼓励。最好是三个人，因为两个人也难免会偷懒。

7. 引入游戏机制

这一点适用于周末聚会。大家坐在一起聊天，所有人把手机调成静音。制定一个游戏机制，谁先拿起手机就进行惩罚。

8. 养成好习惯

每天晚上 11 点准时入睡、6 点准时起床，不再刷手机到深夜。周末固定拿出一天时间，半天用于整理家务，半天用于学习自己感兴趣的内容。

第三节　提升学习持续力

当我们走出大学，也就意味着我们走出了舒适区，进入了职场，那么又该如何提升学习持续力，并将终身学习坚持到底呢？

一、顺应时代发展

2017 年 8 月，奇点大学在硅谷召开了一场面向全球的"奇点峰会"，旨在将最近一年的研究成果和创新项目呈现在大众面前。那些与会精英探讨的一个核心话题就是——未来我们将迎来怎样的世界。在所有对未来的预测中，令人最为深刻的，就是科技对于未来行业和职业的改变。

过去，在工业时代，产品的制造过程被流水线精细地划分成很多个环节，于是有了所谓的"专业"。其实就是让我们对一个生产环节或工种进行深入学习，再高效地投入生产活动当中。但今时今日，"去专业化"的需求可能出现在各个方面。一个新时代青年要意识的，以下四点正在发生。

第一，不管选择哪个专业，都要学习人工智能。人工智能改变的是所有行业。它就像是一门非常基础的课程，但又能颠覆任何一个传统行业。我们必须意识到，在未来的很多工作当中，都渗透了人工智能。

第二，职业一直都在不断消失、不断产生。今天，我们很难判断未来 30 年哪些工作是最好的，甚至连未来 10 年都难以预测。因为哪怕是最热门的专业，都有生命周期。金融业貌似一直是最热门的行业，但金融从业者的工作模式，已经被计算机彻底颠覆了。

第三，任何专业都能成才。究竟哪个专业能够在未来获得成功，说实话真的没人知道。在今天的互联网创业成功者中，很多人是理工科的，也有很多人不是理工科的。以 Airbnb 为例，这是一家典型地运用了互联网技术并在共享经济方面取得巨大成功的企业。它的两位创始人，布莱恩·切斯基（Brian Chesky）和乔·杰比亚（Joe Gebbia）都毕业于罗德岛设计学院，乔·杰比亚毕业后就在旧金山的编年史出版社从事设计师的工作。他们看似从事的是和互联网技术毫不相干的职业，但在今天这个时代，有能力敏感地发现商业需求、生活需求的人，就能创造新的商业模式，就更有机会获得成功。

第四，新机遇是在不断诞生的。毫无疑问的是，传统行业会被颠覆，然后我们就可以进行对未来机遇的一些揣测。

二、做好职业规划

谈到职业规划，很多人的第一反应就是要找一个比较稳定的职业。但是，所谓稳定的职业现在一个都没有，这个思路从一开始就错了。我们要去想这些新技术将会怎样改变空间和生活，越早洞察越有利于我们做好发展规划。可分为做好职业规划六个步骤。

1. 认识自己

可自我反思，可向周围的亲朋好友询问关于自己的看法，也可通过互联网进行专业的职业测评，如 MBTI 职业性格测试、九型人格测试、霍兰德职业兴趣测试等。职业测评虽然无法帮你做决定，却能够帮你了解自身的优势。

2. 认识行业

了解一个行业的方法很简单，国家统计局每年都会发布行业报告，你只需要重点关注行业类型、行业体量、行业发展趋势、行业平均薪酬、岗位薪酬等相关数据就可以了。除此之外，相关行业发展趋势报告可以查看艾媒咨询、中商产业研究院、中国产业信息网等，然后从众多行业中，选择一个适合自己的方向。

3. 认知职业类型

这个世界上的工作类型虽然五花八门，但都可以归为这两类，按部就班型和创造型。按部就班型的岗位很好理解，就是每一步都是设计好的，你只需要保证工作不出大错即可，工作挑战性不高。按部就班型岗位可以分为两类：体力型按部就班（工厂流水线工人、高速路口收费员、搬运工等）和脑力型按部就班（行政、银行职员、出纳、证券分析师等）；创造型工作并不是指需要很强的创造力，而是指工作中有很多事情，并不能按部就班地解决，必须有针对性。创造型岗位也可以分为两类：体力创造型（园艺师、理发师、厨师等）和脑力创造型（艺术家、销售、产品经理、设计师、律师等）。在选择工作时，你可以根据自己的特点，有针对性地选择。不过目前按部就班型的岗位已经逐渐被人工智能所替代，毕竟计算机最擅长解决的就是可以一步一步处理、存在大量重复动作的问题。

4. 选择行业和职业

基于优先选择创造型工作岗位的原则，同学们需要结合自身的性格、优势，排除掉那些自己没有一点兴趣的岗位，选择跟自身相匹配的岗位。在选择岗位时，一定要遵循一个核心原则：优先选择核心岗位。在实际的企业经营中，有的部门僧多粥少，有的部门则晋升机会多，所以，尽可能选择一家公司的核心创造价值的部门。

5. 确定并拆分你的职业目标

同学们可以思考这样一个问题：10年后，你希望自己是什么状态？然后按照表4-1所示的人生状态规划表（10年）去填写自己的目标。

注意，这个表格需要你根据实际的期望值来写。

表 4-1　人生状态规划表（10 年）

	什么	为什么	怎样做
你的收入			
主动收入			
被动收入			
你的职位级别			
你所在公司（规模）			
你所带团队（规模）			
你的工作性质			
你每年的假期			
工作压力			
家庭状态			
资产状态			

5. 梳理计划并执行

首先，需要做好求职准备；其次，请教行业内的前辈，避免走弯路；最后，不断检查自己是否有完成某个阶段的目标。

三、参与社会实践

社会实践是一个非常广泛而又有深刻含义的概念，参与社会实践活动是引导学生走出校门进行社会学习的形式，既能够让学生正确地认识自己，摆正个人与社会的关系，同时了解国情、了解社会，增强使命感与责任感。除了军事训练、生产活动外，目前在高校社会实践中常采用的形式有社会调查、社会服务、勤工俭学、参观考试等。那么，具体的参与资源和途径有哪些呢？

1. 志愿者

志愿者服务有很多类型，有支教志愿者、航展志愿者、图书馆志愿者、招聘会志愿者等，参与了之后都会有相应的社会实践证明，有些证明可能仅仅是为了留一个纪念，但是也证明了你这段时间的付出。同学们可以在学校官网/微信公众号、志愿者官网/微信公众号、大型活动的官网/微信公众号报名参与。当然，如果同学们外语能力强，可以参与国际志愿者活动。这些国际志愿者活动通常由中介或非政府组织（Non-Government Organization，NGO）沟通，为期至少一周（少数项目在2~3天），前往亚非拉国家或地区，进行动物保护、汉语支教等活动。

2. 比赛

目前高职类比赛繁多，有技能大赛、兴趣类比赛、学术类比赛等。技能大赛常见的有学校、省市、国家甚至全球举办的职业技能大赛；兴趣类比赛一般会有很多参赛的渠道，同学们不妨关注培训机构的网站；学术类比赛是有针对性的，如英语演讲比赛、创新发明大赛、作文大赛等。这类社会实践活动的参与，旨在让同学们展示自己的优点。

3. 社会调研活动

有些时候，学校会和当地的一些组织进行调研活动，实地落访每个地区、实地查找有效数据。调研活动是根据统计学方法进行的，要求比较严格，比课堂作业需要的数据更为精准和严密。这些调研数据，不会在一天之内做好，往往要花上一周的时间。待数据统计完成后，如发现有数据不精准的情况，则要重新进行或另外补充一些数据。

4. 学习实践活动

这类实践活动的学习环境跟家里、学校的环境不一样，通过环境形成不一样的体验，参与者会从这个环境以及老师的教导中，学习平常生活中接触不到的知识。常见的有夏令营/冬令营活动。

5. 兼职或实习

为了能够在毕业的时候有一技之长，找工作也相对容易一些，学生会参与一些兼职或实习。兼职与实习的区别主要有两点，第一，从事的目的不同，大部分同学从事兼职的目的就是赚钱，而实习的目的是积累目标工作相关的工作经验；第二，竞争程度不同，兼职的竞争强度基本为零，一般来说有非常多的岗位的，类似家教这样的兼职，只要你为人端正，有录取证书，都是可以录用的。实习就不一样了，要经过非常激烈的竞争，选择一小部分人。

实习主要是企业实习，主要途径有三种：学校提供、专业的招聘网站、心仪的公司官网。

四、职场自我提升

1. 从自身学习修炼开始

古人说："学如逆水行舟，不进则退。"自身具有价值的最好体现便是自己的学识情况。如果一个人没有才学，走到哪里都会被人看不起。特别是当你在工作中，碰到同事让你做某件事，你却一问三不知的时候，别人下次就不会再找你。只有当你去拓展自己的知识时，才能扩大自己的发展空间。

2. 加强各方面能力的培养

能力是所有用人单位都特别关注的问题。我们说，一个人能不能胜任工作，取决于他（她）的能力。这个能力不仅仅指某一方面，而是多方面素质的综合体现。那同学们需要的职场能力有哪些呢？

从图4-10所示的思维导图可以看出，你需要的职场能力除最基本的知识体系外，还应有自我管理能力、人际沟通能力、团队协作能力。自我管理是人际沟通和团队协作的基础，能力提升首先是要调整好自己的状态，加强自我修炼，提升专业能力；人际沟通是与其他人建立关系的能力；团队协作则是带队伍、管团队所必须具备的能力。

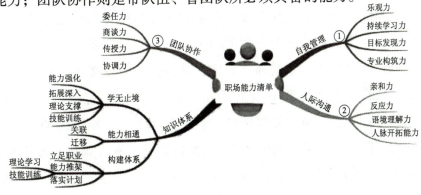

图4-10 职场能力思维导图

1）自我管理能力

自我管理能力包括四个方面：乐观力、持续学习力、目标发现力、专业构筑力。

①乐观力。态度决定一切，乐观力就是用积极思考养成乐观的生活态度，这是能力提升的基础。生活中不可避免地会遇到各种压力，有些是积极的，也有一些是消极的。正确的做法是要积极地面对压力，做到疏堵结合。堵，即寻找压力的根源，认真分析问题，从根本上进行解决，并反思总结，防止问题再次出现；疏，即找合适的人倾诉，寻求积极的建议，把压力卸掉，并找到解决办法。

②持续学习力。持续学习力，顾名思义，就是不断学习、终身学习。这里要转变两个错误观点，一是学习是被逼的。职场上的学习一定是自主性学习，它不同于在学校时的学习。同学们需要明白，企业只为能力买单，而提升能力是自己的事。二是学习是痛苦的。我们要把学习成果运用在工作中，享受学习的过程，以及学习带来的收获，包括加薪和升职，这都是快乐的体验。

③目标发现力。修炼目标发现力，需要做到三点。一是要有自立的态度，别把公司当家，以为老板会督促你成长进步，所以自己要对自己负责；二是要有梦想，梦想能够激发成功的欲望，要找到那些能够落实到具体行动上的梦想；三是掌握基本的技能，技能是核心，也是价值体现。

④专业构筑力。术业有专攻，专业构筑力是有计划地构建自身独特强项的能力。需要考虑四个方面的因素，一是立足资源，尽量选择已经积累大量经验的领域，二是瞄准需求，既包括个人的需求，也包括企业的需求，总的来说就是职业发展的需求；三是接受现实，有些专业是"青春饭"，比如程序员，尽管能够快速提升能力，但年纪大了就很难有上升空间，有些专业是"老中医"，比如咨询师，刚开始成长比较缓慢，但却能够在工作中积累经验，越"老"越吃香，无论选择哪一种，都要接受相应的优缺点；四是描绘愿景，想象自己在该领域工作的样子，确

认自己是否成为想成为的样子，找到适合自己的方向。

2）人际沟通能力

有人的地方就有江湖，有人的地方就要沟通。一切沟通的目标都是自身所传达的信息被接受、被理解，并落实在行动中。那么，如何才能将自己的想法表达清楚，并让其他人行动呢？需要四种能力。

①亲和力。亲和力的训练有两种：一是环境熏陶，潜移默化地就学会了。想想刚上大学的时候，宿舍里同学们来自不同的地域、不同的家庭环境，同学之间待人接物的方式有差别，非常明显地体现了家庭和地域环境对人的影响。二是刻意练习。出生不能改变，但是我们可以接触情商高的人，营造有利的环境，更重要的是可以通过练习提升亲和力。最简单的办法是笑容训练，每天对着镜子看怎样才能笑得最灿烂，然后脸上的肌肉会形成记忆，灿烂的笑容就成了你最美的招牌。另一种方法是模仿，看看身边亲和力特别强的人是怎么做的，从一言一行中观察、揣摩，边学边用，渐渐地你的亲和力指数也会快速上升。

②反应力。什么是反应力？反应力就是给予别人反馈，一直在听却能给人留下深刻印象。

那我们如何锻炼反应力呢？正确的做法是在沟通时做到以下三点：一是善用肢体语言，沟通不仅靠说，还要靠非语言沟通，包括肢体语言、空间距离等，举手投足都在流露内心情绪的变化，传递着沟通的重要信息；二是倾听，要用心听，体会对方话中的深意；三是善于提问，在听的过程中不时问一句，给予对方反应，可以引导对方说出更多的信息。总之，反应力就是让别人说得舒服，自己收获满满，形成一个沟通的闭环。

③语境理解力。职场中的语境理解力主要用于在背景、语境不同的人之间进行协调，具体有三个要求，一是感情控制力，必须保持冷静的思考，表现出平静的状态；二是逻辑思考能力，所谓语境就是语言背后的大量信息，以及信息之间的逻辑关系，理解了这些，才能准确把握对方的用意；三是表达能力，就是把分析透彻的逻辑用适当的语言组织起来，告诉对方。

④人脉开拓力。

人脉开拓力，就是开拓业务伙伴或者信息来源，建立并维持关系的能力。

修炼人脉开拓力，核心包括五个方面。一是人脉的核心是人，要找到想见的人、有可用资源的人。二是及时巩固关系。根据艾宾浩斯遗忘曲线，学会的知识在一天后，如不抓紧复习，就只剩下原来的33%，建立关系也是如此。人脉一旦搭上，找一个再次见面的理由。三是加深关系链接。四是要有交换的资本。通过积累使自己成为稀缺的资源，增加自己的信息提供能力，如果能够成为信息的"链接点"，其他信息自然会向你汇聚，人际关系网也能随之建立。四是要舍得付出。你必须牺牲一部分休息时间和金钱，用来进行社交活动。

3）团队协作能力

一个人的精力是有限的，你不可能既做顶层设计，又做具体执行，还抓监督管理，总要委任放权。另外，不论自己处于什么样的管理层级，你都不可避免地要与其他部门进行协作，这时就要用到团队协作能力。其具体包括四个方面的能力。

①委任力。公司的结构如金字塔，我们不可能永远在最底层，无论是向管理方向还是科研团队，总要往更高的层次发展。那时，我们肩上的责任更重，工作的内容更加重要，以前做的相对初级的工作内容，就需要交给别人来做。修炼委任力办法有四：一是赞赏对方，善于发现对方的优点，给予适合对方的工作，并多多赞赏对方；二是依靠对方，如果对方做得不错，说明自己判断正确，如果对方做得不好，想想问题出在哪，多试几次，看人就会越来越准；三是具体描述，布置工作时，把一项工作的整体情况进行描述，然后明确阶段划分，告知把控节点，让对方知道具体该怎么做，特别是第一件事怎么做；四是给对方留下熟悉工作的时间，把工作交给下级是在培养他，可能第一次需要的时间是T，第二次只要$T/2$，第三次只要$T/4$。

②商谈力。商谈力是通过倾听与别人共同思考，类似于咨询和教练，是帮助别人共同解决问题。无论是90后员工，还是60后、70后员工，

帮助别人解决问题，让对方愉快接受你的意见及建议，可不是一件容易的事。一是建立信任，此时，两个人的关系应当是同盟，共同面对，并肩战斗，设身处地为对方着想，让对方觉得你值得依赖；二是目标相同，解决当前的问题，一定要达到双赢的结果；三是专业知识，要用专业的知识框架思考问题，用专业的理论工具解决问题；四是提供建议，建议不同于指令，是否接受的决定权在对方，与别人商谈时，我们只需要客观地呈现信息和分析结果。

③传授力。传授力是把自己掌握的知识和技术教给别人的能力。虽然选、育、用、留，是HR（人力资源）的事，但每一个主管需要用心培养自己部门的人才。传授力的核心，是传授知识和技术。修炼传授力，需要从三个方面下功夫。一是关系，在职场上，两个人的关系是联盟，一同思考、一同执行、一同享受成果；二是目标，传授的目的是让对方掌握知识和技术，要善于使用诱导和提问，引发对方的思考，自己更多的是倾听和必要的解答；三是激励，必要的激励手段还是要用一些，当然，要注意方法，比如夸奖要在公开场合。

④协调力。协调力是职场的终极能力。协调者，首先要具备相应领域的专业知识和人脉，然后要发现对方的需求，偶尔还要一边教学，一边制订完善计划。通常既要进行内部协调，包括部门间的协调，技术部门与运营部门的协调等；还要进行外部协调，比如跨行业跨区域的协调。

协调者需要具备以下10要素，有的对应之前的各种能力：

- 要有专业知识——专业构筑力；
- 要有丰富的人脉——人脉开拓力；
- 要能够把握对方需求——商谈力；
- 要开朗——亲和力、乐观力；
- 要会进行信息收集——持续学习力；
- 要会设定目标——目标发现力；
- 要能够实施达成共识的推进——语境理解力；
- 要会提出适当的建议——商谈力、传授力；
- 勤勉；

- 诚信。

3. 提高自己的岗位价值

在新设一个岗位时，并不清楚这个岗位的价值，特别是行政类工作。求职者入职后的情况，取决于求职者能让这个工作具有怎样的价值。这样才能让老板发现这个岗位的意义，才能让自己所在的岗位拥有更高的价值。不管做什么行业，首先要从自己眼前的工作出发，找出现有工作的不足并提出相关的改进意见，这是提高自己职业价值的有效方法。

该你试试了

学会匹配职业和兴趣

1959年，美国约翰·霍普金斯大学心理学教授约翰·霍兰德（John Holland）提出了具有广泛影响的职业兴趣理论。霍兰德等职业划分出了六大类型。

社会型：共同特征是喜欢与人交往、不断结交新的朋友，善言谈，愿意教导别人；关心社会问题，渴望发挥自己的社会作用；寻求广泛的人际关系，比较看重社会义务和社会道德。

典型职业：喜欢要求与人打交道的工作，能够不断结交新的朋友，从事提供信息、启迪、帮助、培训、开发或治疗等事务，并具备相应能力。如教育工作者（教师、教育行政人员），社会工作者（咨询人员、公关人员）。

企业型：共同特征是追求权力、权威和物质财富，具有领导才能。喜欢竞争，敢冒风险，有野心、抱负；为人务实，习惯以利益得失、权利力、地位、金钱等来衡量做事的价值，做事有较强的目的性。

典型职业：喜欢要求具备经营、管理、劝服、监督和领导才能，以实现机构、政治、社会及经济目标的工作，并具备相应能力。如项目经理、销售人员、营销管理人员、政府官员、企业领导、法官、律师。

常规型：共同特点是尊重权威和规章制度，喜欢按计划办事，细心、有条理，习惯接受他人的指挥和领导，自己不谋求领导职务；喜欢关注实际和细节情况，通常较为谨慎和保守，缺乏创造性，不喜欢冒险和竞争，富有自我牺牲精神。

典型职业：喜欢要求注意细节、精确度、有系统有条理，具有记录、归档、据特定要求或程序组织数据和文字信息的职业，并具备相应能力。如秘书、办公室人员、记事员、会计、行政助理、图书馆管理员、出纳员、打字员、投资分析员。

实际型：共同特点是愿意使用工具从事操作性工作，动手能力强，做事手脚灵活，动作协调；偏好于具体任务，不善言辞，做事保守，较为谦虚；缺乏社交能力，通常喜欢独立做事。

典型职业：喜欢使用工具、机器，需要基本操作技能的工作。对要求具备机械方面才能、体力，或从事与物件、机器、工具、运动器材、植物、动物相关的职业有兴趣，并具备相应能力。如技术性职业（计算机硬件人员、摄影师、制图员、机械装配工），技能性职业（木匠、厨师、技工、修理工、农民、一般劳动等）。

调研型：共同特点是抽象思维能力强，求知欲强，肯动脑，善思考，不愿动手，是思想家而非实干家；喜欢独立的和富有创造性的工作；知识渊博，有学识，不善于领导他人；考虑问题理性，做事喜欢精确，喜欢逻辑分析和推理，不断探讨未知的领域。

典型职业：喜欢智力的、抽象的、分析的、独立的定向任务，要求具备智力或分析才能，并将其用于观察、估测、衡量、形成理论、最终解决问题的工作，并具备相应的能力。如科学研究人员、教师、工程师、电脑编程人员、医生、系统分析员。

艺术型：共同特点是有创造力，乐于创造新颖、与众不同的成果，渴望表现自己的个性，实现自身的价值；做事理想化，追求完美，不重实际；具有一定的艺术才能和个性；善于表达、怀旧，心态较为复杂。

典型职业：喜欢的工作要求具备艺术修养、创造力、表达能力和直觉，并将其用于语言、行为、声音、颜色和形式的审美、思索和感受，具备相应的能力，不善于事务性工作。如艺术方面（演员、导演、艺术设计师、雕刻家、建筑师、摄影家、广告制作人），音乐方面（歌唱家、作曲家、乐队指挥），文学方面（小说家、诗人、剧作家）。

一、学习网站

大学的课余时间很多，好好利用大学四年课余时间，毕业后你一定会感谢那时的自己。课余时间可以继续提高自己的专业水平，还可以学习一些其他技能，比如兴趣学习、办公技能、搜索技能等。

1. 学习提升类

1）网易公开课

有各种国内外的公开课，而且都是免费的，包括TED演讲、计算机、心理学等各种课程。

2）网易云课堂

网易云课堂主要为学习者提供大量的优质课程，用户可以根据自身的学习程度，自主安排学习进度。涵盖实用软件、IT与互联网、外语学习、生活家居、兴趣爱好、职场技能、金融管理、考试认证、中小学、亲子教育等十余大门类。

3）我要自学网

我要自学网是由电脑培训学校和职业高校的老师联手创立的一个视频教学网，网站里的视频教程均由经验丰富的在职老师录制，同时提供各类贴心服务，让学习者享受一站式的学习体验。网站意在把学校的专业教育带给更多人，目标是"做出最好的视频教程，提高全国人民计算机水平"。

4）腾讯课堂

腾讯课堂凭借QQ客户端的优势，实现在线即时互动教学；并利用QQ积累多年的音视频能力，提供流畅、高音质的课程直播效果。

5）中国大学MOOC

中国大学MOOC是国家精品课程在线学习平台，汇聚了很多知名高校的课程。在这里，每一个有意愿提升自己的人都可以获得优质的高等教育。

网站有丰富的名师名校课程，广泛认可的证书支持，全新完整的在线教学模式。且大量课程可以免费报名参加，并分为课件、测试作业、考试、讨论区等不同版块。

6）淘宝教育

淘宝教育提供电子商务、公务员、考研、英语、小语种、口语外教、雅思托福、学历教育、考试认证、文体艺术、中小学辅导、亲子早教、生活百科、电脑IT、财务金融、营销管理、职业技能等精品课程培训学习视频。

2. 资源搜索类

1）云盘精灵

云盘精灵是最常用的学习教程搜索网站，特点就是没有广告，可以直接搜索。设计教程、编程教程、运营教程、产品经理学习教程、营销教程、办公教程、书籍资源、电影资源等等都有。

2）虫部落

虫部落包含社区、快搜、学术搜索、设计搜索、资源搜索五个板块，无论什么主题都可快速搜索。

在学术搜索板块，虫部落聚合了大量高质量的学术网站，包括必应学术、百度学术、中科院文献、世界数字图书、万方、知网等。

3）鸠摩搜书

鸠摩搜书提供电子书多种格式下载，还提供了别的网站的资源，更多、更灵活的选择。比如，同学们搜索《霍乱时期的爱情》，可得到很多可以免费下载的书籍资源。

4）云海电子图书馆

网站的书籍分类非常明确，知道想看什么的话，可以直接搜索，且都是免费下载的。

3. 工具效率类

1）简书

简书有很多知识"干货"，有很多优质的栏目，你可以关注一些自己喜欢的栏目，比如程序员、产品、设计、摄影、手绘、运营、互联网等。

你也可以直接搜索自己想看的内容，比如 Java 自学教程，然后就会出现很多免费的教程。

2）知乎

知乎里有大量优质的问题，比如学习网站推荐、效率软件推荐、学习方法等。你可以直接搜索，会出现大量优质问答。

3）腾讯文档

在线协作编辑和管理文档的利器，可多人协作在线编辑文档，支持在线文档、在线表格、在线收集表和在线幻灯片。支持网页、电脑客户端、手机 App、微信小程序，且都可以随时查看和修改。在没法使用 Office 软件的情况下，可以试试腾讯文档在线编辑。如需要收集一个团队的信息，使用 Excel 的话，会收到很多表格，整理起来很麻烦；但是使用腾讯文档的话，可以借助多人协作，直接把链接给他们，就可以实时查看和编辑。

4）iLovePDF

全面强大的 PDF 处理网站，可以合并拆分 PDF、压缩 PDF、转换 PDF；加页码、水印；修复、解锁、保护、组织 PDF 等。不注册登录也可以免费使用。它的兄弟产品 iLoveIMG 也同样好用。

5）奶牛快传

在线传输文件利器，保存文件用网盘，给别人临时传输文件时可使用。奶牛快传可以在线免费传输大文件和文件夹，加密传输，自定义文件有效期和文件下载速度。提供下载链接和提取码两种。最大支持 4G 文件，上传速度可达 8M，下载速度可达 14M。

其实网站只是一个工具，一个你可以利用的工具，关键还是得看自己的学习态度，还有自律。大学的时光说短不短，说长也不长，希望大家可以好好利用时间，让自己更优秀。

二、如何制作一份优秀的简历

人与人之间的认知在很大程度上源于第一印象，简历就是求职者给面试官的第一印象。简历写得越好，面试官对求职者的印象也就越好。我们需要认认真真地去想想如何写好简历。比起40年的职业生涯，花个一天写简历再正常不过了，尤其是对于写简历的新人而言，对于写简历的工作并不熟悉。当你掌握了写简历的诀窍之后，速度就会快多了。

1. 简历的误区

1）重设计，轻内容

有些人会被一些设计好看的简历所误导。实际上做出来的是没有什么内容的简历。

2）内容占比不合理

好简历应该符合阅读体验好，内容匹配度高。那么什么内容 HR 喜欢看呢？不是你的自我介绍，不是你的奖状，不是你详细的个人信息，而是你的故事，你过往的经历是你未来的最好证明。所以，我们需要把更多的篇幅放在工作/实习/项目/校园经验上面，而且这部分的内容应该放在简历中最显眼的地方，这样 HR 一眼就能够看到想看的内容。

3）夸大性描述

我们说包装简历，是用专业的词汇把简历给写好看了，不是满嘴胡诌。例如，将"每天营业额200"可以写成"月均营业额6 000"，但如果夸大成"日均营业额2 000"，明显就已经是虚假包装了。

2. 简历的板块

简历上的内容一般可以分为这三大块：基础信息、个人经历、附加信息。下面就针对性这三大块内容进行详细介绍，告诉你填写的方法。

1）基础信息

①简单的个人信息。包含姓名、性别、学历、出生年月、联系方式、婚姻状况等。不过针对不同的岗位需求，我们需要填写不同的信息，比如说工程师的岗位，就不需要写身高了，但是有的岗位如空姐，投简历时就可以写身高。就是有针对性地写简历。

②个人照片。一般大头贴、自拍、生活照、艺术照，总而言之看起来比较随性的照片，都不太推荐。证件照是一个不错的选择，不过推荐使用有质量，就不太推荐的证件照。一些应届毕业生，为了图方便放几

年前的证件照，就不太推荐。

米白底证件照、浅灰色（浅蓝色）的证件照都是不错的选择。不建议选择大红底、大蓝底的证件照。至于是否需要穿西装，和你应聘的岗位有关，如果是应聘律师、银行、财会之类的职业，比较严肃的行业/公司，建议穿西装。如果面试公司没有着装要求，可以不选择穿西装。

③教育信息。教育信息主要说明你的教育时间、院校、专业、学位（没有学位可以不写）。填写专业名称就可以了，不需要填写你所学的课程。另外，你的学习成绩很好的话，也可以填写。

荣誉信息也可以写，尤其是对于应届生而言，没有太多的工作/实习经历，那么荣誉信息就是非常有用的信息，从侧面证明了你的价值与能力。不过不建议写太多，只要挑选2~3个含金量最高的写上去即可。这里需要强调的是，不论你的成绩多么优秀，荣誉奖状多么厉害，也不是所有的HR都能体会到，你可以备注一下这个荣誉的含金量，如，××奖状（院校仅2人）、××荣誉（年级前三）；或者加上级别，例如，全国××荣誉、省××荣誉。

2）个人经历

关于个人经历，建议使用STAR法来描绘。HR在面试中会采用行为面试法，就是通过你的行为，观察你的能力。根据行为面试法，HR会问"你曾经遇到最大的困难是什么？能否详细说明一下"，你就得想一件你觉得最困难的事情，但是HR并不是想听你遇到什么事情，想知道的你如何解决困难。通过你如何解决困难来判断你的个人能力。写简历也是一样，我们在写个人经历的时候，不只是写我们做了什么事情，而是要写我们做了什么、怎么做、得到什么结果。

有的人可能之前也做过行政工作，就写"接待拜访的客户"，仅仅是这样，就会造成简历空白太大，没有体现工作能力，没有竞争力。你应该这么写："负责重要客户的来访接待，做好访客信息登记，跟进潜在客户合作的后续需求。"

如果没有工作经历，实习的工作匹配度低，或者没有实习经验，那就写点别的，可以写学生会/社团组织经历、兼职/实习经历、学习经历、生活经历等。

3）附加信息

什么是附加信息呢？其实就是技能证书、爱好与自我评价，因为这个部分对于 HR 来说，并不是最主要的信息，尤其是许多人写得还不太好。

①技能证书/爱好。这两个部分放在一起说，证书不是越多越好，爱好也不是越多越好，如果这两个没有突出你的能力，或者突出的能力跟应聘的工作没有太大关系，写了也没啥用。我们要做的，就是让这方面的内容跟岗位职责匹配起来。例如，面试程序员的岗位，如拥有土木工程证、维修工证、记者证、导游证等，可能用处不太大，如果有一本计算机等级二级证，那么这个是有用的。

证书跟写个人经历一样，需要符合对方的招聘需求。爱好也是一样，也需要符合对方的招聘需求。如果关联性不大，可以不写。

②自我评价。很多人写自我评价，会写得非常主观，这是绝大部分人会犯的错误。写自我评价，要避免自卖自夸，要用客观事实来证明能力。

例如，写"本人热爱学习，能够吃苦耐劳，善于待人接物"，如果你热爱学习，请拿出热爱学习的事实证明；能够吃苦耐劳，请拿出吃苦耐劳的事实证明。热爱学习你可以这么写："本人从小喜欢学习，历年考试名列年级前10，高考以××分考入××大学，在校期间表现优异，连续×年获得××奖学金，以××分取得毕业证，并获得优秀毕业生称号。"吃苦耐劳你可以这么写："在校期间通过课外兼职赚取生活费，累积获得××元，并且学习成绩稳定在班级前5……"

总而言之，自我评价需要跟招聘信息相关，或者体现出你是一个特别的人，并且要通过事实说明。

附　录

素材二

一、学习模式

1. 学习模式的含义

学习模式是指人如何利用自己的感觉信息来学习。基本上，人脑通过三种学习模式对外界信息进行处理，并储存到自己的记忆中。它们分别是：视觉——通过眼睛学习；听觉——通过耳朵学习；动觉——通过触觉、动作、运动来学习。

了解自己的主要学习模式非常重要。唯有如此，你才能知道自己该怎样去学，知道采取什么方法来促进自己的学习。

可完成下面的自测题，测试一下你最占优势的学习模式。然后参考后面的建议，帮助你提高学习能力。

2. 学习模式有效性的自测

阅读每一个问题或陈述，在和你情况最相符的答案上画圈。有些回答起来会很困难，就按照你最常出现的情况作答。

1）通常我对课堂内同记忆记得最好的情况发生在：

  a. 不记笔记，专心听讲时

  b. 坐前排，注视老师

  c. 记笔记，不论以后是不是再翻看

2）我解决问题经常是通过：

a. 与自己或者朋友交谈

b. 使用表格、计划等条理性、系统性的方法

c. 走路、踱步或者其他身体活动

3）在没有纸笔的情况下，我记电话号码是通过：

a. 反复口述

b. 在脑子里把号码变成画面来形象化记忆

c. 用手指在桌上或者墙上"写"

4）我学新东西最容易的办法是：

a. 听别人解释怎么做

b. 看指导、说明书

c. 靠自己摸索

5）看完电影，我记得最清楚的是：

a. 剧中人物的台词、背景音乐等

b. 道具、场景和演员服装

c. 观影过程中，我产生的感受

6）当走进小商店后，我：

a. 安静地查看或者口头念叨商品目录

b. 在货架间溜达，寻找自己想买的商品

c. 虽然购物清单丢在家里，但还是能记得想买的东西

7）要是想记住什么事情，我就：

a. 不管是别人说的还是背景噪声，都用心倾听

b. 在心里模拟这件事情发生的场景

c. 感悟这件事是怎样影响我的情绪

8）我学外语最有效的方法是通过：

a. 听音频

b. 在练习册上书写

c. 上读写课

9）当对一个单词正确拼写感到含糊时，我选择：

a. 大声读，努力利用发音线索发现正确的拼写形式

b. 努力在心理"看"到这个单词

c. 把可能的正确拼写都写下来，再选择

10）我最喜欢阅读，是当读到：

a. 任务对话时

b. 让我眼前仿佛出现了对应的场景描写性片段时

c. 一开始就有很多情节密集出现的故事，因为我很难坐得住

11）我记住的那些曾经遇到过的人，是关于：

a. 他们的名字（我忘了他们的面孔）

b. 他们的面孔（我忘了他们的名字）

c. 他们的言谈举止

12）最容易让我分心的是：

a. 噪声

b. 周围的人

c. 环境（温度、舒服的家居等）

13）我经常穿的衣服是：

a. 相当不错（但是衣服对我来说不太重要）

b. 整洁（别有风格）

c. 舒服（活动方便）

14）当我空闲时，我更喜欢：

a. 找朋友聊天

b. 看电视或者放眼窗外

c. 琢磨着干点什么，跳舞或者来回走

得分栏

1）统计每个字母的被选总次数，填在划线处。

a. ＿＿＿＿＿＿听觉（通过耳朵学习最有效）。

b. ＿＿＿＿＿＿视觉（通过眼睛学习最有效）。

c. ＿＿＿＿＿＿动觉（通过接触、动手、运动学习最有效）。

2）看看有没有某种学习模式分值显著高或低，有没有两种模式分值接近（差距在两分之内）。

3）这个结果和你的预期是否相符？你是不是认同这个结果？其他人的测试结果和他们的实际情况是否相符？

3. 学习模式的特征

在人的五种感觉中，我们学习、储存、记忆和回忆信息主要依靠视觉、听觉和动觉。有相似学习模式的人，学习和沟通起来会更加容易。所以了解视觉、听觉和动觉学习者的学习行为特征，在人群中找到"同党"，对学习、生活很有意义。

视觉	听觉	动觉
• 在言语类活动中经常走神 • 愿意观察而不是讨论或行动 • 完成任务时有条理 • 喜欢阅读 • 单词拼读准确 • 擅长用图表和图画来记忆 • 精力集中，不易为外界干扰 • 对口头指导理解不好 • 书法不错 • 记得住别人的面孔 • 很有计划性 • 喜欢涂鸦 • 天性喜静 • 外表整洁，一丝不苟 • 关注细节	• 大声自言自语 • 喜欢讲话 • 容易走神 • 理解书面指导有困难 • 喜欢听别人读 • 喜欢按顺序线索记忆 • 喜欢欣赏音乐 • 阅读的时候爱自言自语 • 记得住面孔 • 容易被噪声影响 • 喜欢哼歌和唱歌 • 天性外向 • 喜欢听力活动	• 喜欢实物奖励 • 超爱动 • 和人谈话时，喜欢肢体接触 • 学习时爱敲笔、抖腿 • 喜欢做活动 • 不太喜欢阅读 • 拼写差劲 • 喜欢亲身参与解决问题 • 喜欢尝试新事物 • 个性外露，喜欢用动作表达情感 • 交谈时喜欢用手势 • 喜欢摆弄物件

4）对不同学习模式的建议

视觉	听觉	视觉
• 使用有指导性的意象 • 在脑海中形成画面 • 记笔记 • 看词语的组成部分 • 使用提示词 • 使用笔记本 • 使用色彩编码 • 使用学习卡片 • 使用照片 • 看视频 • 看电影 • 使用图表 • 使用地图 • 使用演示 • 使用绘画 • 使用实物展示 • 在镜子前观察嘴唇运动 • 使用记忆法（思维导图、视觉暂留、首字母缩略）	• 使用录音带 • 看电视 • 听音乐 • 和讲话者进行交谈 • 谱曲或者写诗 • 大声朗读 • 与自己交谈 • 口头重复 • 使用有韵律的声音 • 与人讨论 • 仔细倾听 • 使用口头指导 • 把词语念出来 • 使用读者剧场 • 按音节发音 • 使用记忆法（词语联想、押韵、诗歌、歌词等）	• 学习时踱步 • 动手做 • 通过重复动作练习 • 慢呼吸 • 角色扮演 • 操练 • 跳舞 • 书写 • 利用墙面、桌面，用手指头拼写 • 记笔记 • 把感觉和概念、信息结合起来 • 反复抄写列表 • 在椅子上伸伸懒腰，动一动 • 用镜子观察嘴唇的运动 • 使用记忆法（词语联想、押韵、诗歌、歌词等）

确定你的主要学习模式，并运用以下建议来强化自己在这方面的优势，同时弥补自己在其他学习模式上的不足之处。努力在日常的学习、生活中按照下列针对性建议采取行动，对自己的三种学习模式进行改善。

二、左右脑测试

科学研究证明，大脑分为左半球和右半球。一般左脑具有语言、概念、数字、分析、逻辑推理等功能；右脑具有音乐、绘画、空间几何、想象、综合等功能。你知道自己是左脑思维者还是右脑思维者吗？现在就测试一下吧！

1. 下图选项哪个是正确的摆放？

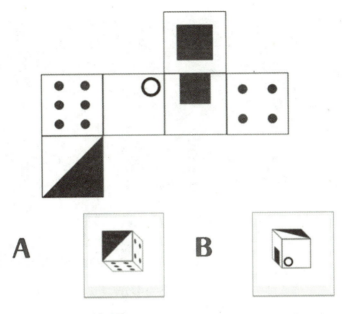

A→2 分　　　　B→1 分

2. 下图给你什么感受？

模糊的，眩晕的→2 分
恬静的，悠闲的→1 分

3. 下图你会优先帮助谁?

1→1 分　　　2→2 分　　　3→4 分　　　4→3 分

4. 下面四件事（分别是水壶开了，电话响了，宝宝哭了，狗在撕沙发），你会先解决哪件事?

1→4 分　　　2→3 分　　　3→1 分　　　4→2 分

5. 下图你先看到什么?

苹果→2 分　　　人脸→1 分

6. 下图发生了什么事?

男子与母亲吵架了→2 分

男子有心事儿,不知道该不该说→1 分

7. 你从下图墨迹中看到了什么？

一个陀螺，一个建筑物→2 分

一个戴帽子的人，一个站立的狗→1 分

8. 你从下图最先看到什么？

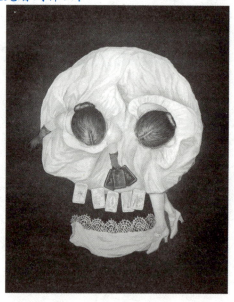

骷髅头→2 分

两个姑娘→1 分

9. 下图哪个场景令你更兴奋?

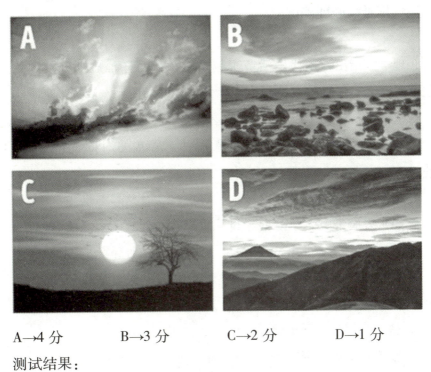

A→4 分　　　　B→3 分　　　　C→2 分　　　　D→1 分

测试结果:

8~16 分→通过测试得分可以看出来,你更擅长使用右脑。你在逻辑思维方面欠缺,但是在情绪感受方面有良好的表现,这反映了你有良好的感性思维。同时,你在事物的组织性方面也欠缺,但是在想象力方面会更加优秀,所以有较强的艺术天赋。研究表明,人们对于右脑的开发利用度非常低,而你却是非常难得的。

17~24 分→通过测试得分可以看出来,你更擅长使用左脑。你在情绪感受方面欠缺,但是在逻辑思维方面有着良好的表现,这反映了你有良好的理性思维。同时,你在想象力方面有些欠缺,但是在事物的组织性方面更加优秀,所以有较强的统计推理能力。

左脑思维、右脑思维,只是各自具备不同的特性,并无法判定哪一个比较优秀。考试成绩方面,左脑思维学习的孩子擅长基础知识及常见题型的解答;右脑思维学习的孩子在创新思维的题型的解答更有优势,更适应未来的高考。最好的学习方法便是:分工协作、左右脑并用、全脑思维。

三、拖延症心理测试

心理学家指出,现代生活节奏越来越快,而拖延症则日益困扰人们的生活。那么,你有没有拖延症呢?快来测一下吧!

测试题目:

1. 手机里往往设置好几个起床闹钟,通常的时间间隔不超过10分钟。

  A. 是   B. 否   C. 以上都不是

2. 经常爱睡懒觉,早上要经过几番挣扎才能起床。

  A. 是   B. 否   C. 以上都不是

3. 下决心早睡早起,但很少付诸实施,一到了床上就忍不住拿起手机。

  A. 是   B. 否   C. 以上都不是

4. 制订了健身/减肥/跑步/游泳等锻炼计划,但总是坚持不了几天,甚至从未开始。

  A. 是   B. 否   C. 以上都不是

5. 你觉得玩游戏的时间已经很长了,于是你告诉自己,再玩一盘就不玩了。结果经常发现根本停不下来。

  A. 是   B. 否   C. 以上都不是

6. 如果你明天就要出远门旅行,那么你会提前多久准备行李?

  A. 提前一周 B. 当天晚上 C. 提前一两天

7. 你觉得房间超级乱,这时候你会:

  A. 找个周六日,做个大扫除

  B. 每天收拾一点

  C. 以上都不是

8. 你的老师布置了一门作业,并要求一个月后交,这时候你会怎么做?

  A. 窃喜,告诉自己时间还很多

B. 心里有事不安心，在作业布置的一周内完成

C. 分解作业内容，每天做一点

9. 经常对别人说：我有拖延症。

  A. 是   B. 否   C. 以上都不是

10. 经常在事后感到后悔，觉得自己太拖延，自控力太差。结果下一次依然如此。

  A. 是   B. 否   C. 以上都不是

以上答案：A答案得5分，B答案得1分，C答案得3分

测试解析：

A. 41~50分：拖延症"晚期"

你有非常严重的拖延症，很多事情只是想想而已，真的要做却千难万难。你总是到了事情的最后期限才开始赶工，运气好的话能如期完成，你就会万分庆幸；运气不好的话，就会悔恨万分，立誓下次一定不能再这样。但有时候连你自己都知道这是不可能的。你这种虚心接受、死不悔改的性子让自己都很郁闷。

B. 31~40分：拖延症"中期"

你已经有比较严重的拖延症了，但有些事情总算还有所克制。对于你真心重视的事情，你是不会马虎的。之所以出现比较严重的拖延，是因为你心中已经不再喜欢你所做的事情，要么是恐惧，要么是厌恶，所以做起事情来总是觉得很勉强，甚至是心累。这种情况要早点处理，要深入思考为什么会出现这种情况，才能对症下药。

C. 21~30分：拖延症"早期"

你有轻微的拖延症倾向。有时候你有些完美主义，任何事情都想做得尽善尽美，如果过程中出现一点偏差，或者结果有一点不符合预期，你就会返回到原点。如果经常会发生这种情况，出于对结果不完美的恐惧，你就会迟迟不肯开始。这样的你会把自己和别人都逼到发狂。所以，适当地降低要求，以结果为导向，而不是以过程为导向。

D. 10~20分：没有拖延症

你是非常健康的，可以说是少有的知行合一的人。生活中的你精力

旺盛，说到做到，做不到的绝对不会轻易承诺。你偶尔会有一些拖延的情况，那也是你出于减轻压力或者根据事情的轻重缓急合理安排的一种方法而已。你的自控力超强，不会轻易屈从或放弃，即使出现意外情况也能很好地处理。这样的你，注定充满了人格魅力。

四、考试焦虑量表

指导语：下面是一组人们用来形容考试时情绪状态的句子。请细读每一句话，并依你的情况作答。答案无正、误之分。也不必在任何一句话上花太多时间，只要答出你感到符合自身情况的答案即可。1 = 从未有，2 = 有时有，3 = 经常有，4 = 常常有。

项　目	回答
1. 我在考试中充满信心并感觉轻松。	
2. 我在考试中感到焦虑不安。	
3. 在考试中一想成绩就影响我答卷。	
4. 我一参加重大考试就感到浑身发僵。	
5. 我在考试中想着自己能否毕业。	
6. 我越努力答卷，就越觉得头脑混乱。	
7. 在考试中担心成绩不好，影响我集中精力答卷。	
8. 我一参加重大考试就坐立不安。	
9. 尽管做了充分的准备，我仍感到考试很紧张。	
10. 我在取回试卷之前感到很紧张。	
11. 我在考试中感到非常紧张。	
12. 我希望考试不要这么烦人。	
13. 我一参加重大考试就紧张得肚子疼。	
14. 我一参加重大考试就感到自己要失败。	
15. 我在参加重大考试前感到很惶恐。	
16. 我在参加重大考试前感到很忧虑。	
17. 在考试中，我担心考得不好会有什么后果。	
18. 我在参加重大考试时感到心跳加速。	

续表

项　　目	回答
19. 考试之后，我竭力控制自己不去担心，但做不到。	
20. 我在考试中紧张得连本来知道的东西都忘了。	
总分	

计分方法：

受测者在 4 点评尺上对测题作答：1 = 从未有，2 = 有时有，3 = 经常有，4 = 常常有。因此，其最低得分为 20 分，最高得分为 80 分。通过多次运用建立的常模显示，得分为低于 35 分表示对考试镇定自若，考试焦虑偏低；36~50 分为中度焦虑；高于 50 分表示考试焦虑度偏高，60 分以上为重度焦虑。

五、考试焦虑自我检查表

指导语：为了帮助你准确地把握自己在考试焦虑方面存在的问题，我们准备了考试焦虑自我检查表。请你仔细阅读每一道题目，看看它是否反映出你在应试时的状态。如果是的话，就在该题目左边的_____上做一个标记（打√）；如果不是的话，则无须做任何标记。一定要如实作答。不要花太长时间思考，要尽可能回答你看完题目后的第一个印象。假如有些题目实在难以确定，请你随便用一种方式在该题目左边的横线上做个备查的记号，因为它可能表明了某种潜在的问题。

_____ 1. 我希望不用参加考试便能取得成功。

_____ 2. 在某一考试中取得的好分数，似乎不能增加我在其他考试中的自信心。

_____ 3. 人们（家人、朋友等）都期待我在考试中取得成功。

_____ 4. 考试期间，有时我会产生许多对答题毫无帮助的莫名其妙的想法。

_____ 5. 重大考试前后，我不想吃东西。

_____6. 对喜欢向学生搞"突然袭击"的教师，我总感到害怕。

_____7. 在我看来，考试过程似乎不应搞得太正规，因为那样容易使人紧张。

_____8. 一般来说，考试成绩好的人将来必定在社会上取得更好的地位。

_____9. 重大考试之前或考试期间，我常常会想到其他人比自己强得多。

_____10. 如果我考糟了，会担心别人对自己的评价。

_____11. 对考试结果的担忧，在考试前妨碍我准备，在考试中干扰我答题。

_____12. 面临一场必须参加的重大考试，我会紧张得睡不好觉。

_____13. 考试时，如果监考人来回走动注视着我，我便无法答卷。

_____14. 如果考试被废除，我想我的功课实际上会学得更好。

_____15. 当了解到考试结果将影响我的前途时，我会心烦意乱。

_____16. 我知道，如果自己能集中精神，考试时我便能超过大多数人。

_____17. 如果我考得不好，人们将对我的能力产生怀疑。

_____18. 我似乎从来没有对考试进行过充分的准备。

_____19. 考试前，我身体不能放松。

_____20. 面对重大考试，我的大脑好像凝固了一样。

_____21. 考场中的噪声（如日光灯的响声、送暖气或送冷气的声音、其他应试者发出的声音等）使我烦恼。

_____22. 考试前，我有一种空虚、不安的感觉。

_____23. 考试使我对能否达到自己的目标产生了怀疑。

_____24. 考试实际上并不能反映出一个人对知识掌握得究竟

如何。

_____ 25. 如果考试得了低分，我不愿把自己的确切分数告诉任何人。

_____ 26. 考试前，我常常感到还需要再充实一些知识。

_____ 27. 重大考试之前，我的胃不舒服。

_____ 28. 参加一次重要考试时，一想起某些消极的东西，我似乎都要垮了。

_____ 29. 在即将得知考试结果前，我会感到十分焦虑或不安。

_____ 30. 但愿我能找到一个不需要考试便能被录用的工作。

_____ 31. 假如在这次考试中考得不好，我想这意味着自己并不像原来所想象的那样聪明。

_____ 32. 如果我的考试分数低，我的父亲和母亲将会感到非常失望。

_____ 33. 对考试的焦虑使我不想认真准备了，这种想法又使我更加焦虑。

_____ 34. 应试时我常常发现，自己的手指在哆嗦，或双腿在打颤。

_____ 35. 考试过后，我常常感到本来自己可以考得更好些。

_____ 36. 考试时，我情绪紧张，妨碍了注意力的集中。

_____ 37. 在某些考试题上我费劲越多，脑子越乱。

_____ 38. 如果我考糟了，且不说别人会对我有看法，就是我自己也会失去信心。

_____ 39. 应试时，我身体某些部位的肌肉很紧张。

_____ 40. 考试之前，我感到缺乏信心，精神紧张。

_____ 41. 如果考试分数低，朋友们会对我感到失望。

_____ 42. 在考前，我所存在的问题之一是不能确知自己是否做好了准备。

_____ 43. 当我必须参加一次确实很重要的考试时，我常常感到恐慌。

_____ 44. 我希望主考人能够察觉，参加考试的某些人比另一些人更为紧张。我还希望主考人在评价考试结果的时候，能对此加以考虑。

　　_____ 45. 我宁愿写篇论文，也不愿参加考试。

　　_____ 46. 公布我的考分之前，我很想知道别人考得怎样。

　　_____ 47. 如果我得了低分，我认识的某些人将会感到快活，这使我心烦意乱。

　　_____ 48. 我想，如果我能单独进行考试，或者没有时限压力的话，那么，我的成绩便会好得多。

　　_____ 49. 考试成绩直接关系我的前途和命运。

　　_____ 50. 考试期间，有时我非常紧张，以致忘记了自己本来知道的东西。

考试焦虑量表记分规则与结果解释：

类别	测查内容	题目序号
考试焦虑的来源	1. 担心考糟了他人对自己的评价	3，10，17，25，32，41，46，47
	2. 担心对个人的自我意象增加威胁	2，9，16，24，31，38，40
	3. 担心未来的前途	1，8，15，23，30，49
	4. 担心对应试准备不足	6，11，18，26，33，42
考试焦虑的表现	1. 身体反应	5，12，19，27，34，39，43
	2. 思维阻抑	4，13，20，21，28，35，36，37，48，50
其他	一般性的考试焦虑	7，14，22，29，44，45

　　根据答题情况和自己的概括，就能找出导致你考试焦虑的主要原因及表现。一般来说，如果某方面的项目数有一半以上，即可认为存在相应方面的考试焦虑问题。

六、终身学习能力测试

亲爱的同学：本问卷旨在了解大学生终身学习能力的发展情况，请根据您的真实情况，回答以下问题。本调查问卷，仅供科学研究使用，我们将保证对您的作答严格保密，请不要有任何的顾虑，非常感谢您的参与和合作！

一、个人基本信息

1. 你的性别：

　○女　　　　　　　　○男

2. 你的年级：

　○大一　　　○大二　　　○大三　　　○大四

3. 你的专业：

　○＿＿＿＿＿＿＿＿＿　　○＿＿＿＿＿＿＿＿＿

二、单选（选出以下问题最符合你情况的一个选项）

1. 我觉得"活到老、学到老"对我来说是件很有意义的事。

　　a. 很不符合　　b. 不太符合　　c. 一般

　　d. 比较符合　　e. 非常符合

2. 在课余时间里，我总是主动为自己安排学习任务，主动学习新知识。

　　a. 很不符合　　b. 不太符合　　c. 一般

　　d. 比较符合　　e. 非常符合

3. 我每天（除了正常上课外）业余的学习时间都能在 3 小时或 3 小时以上。

　　a. 很不符合　　b. 不太符合　　c. 一般

　　d. 比较符合　　e. 非常符合

4. 我会为自己制订相应的学习计划。

　　a. 很不符合　　b. 不太符合　　c. 一般

　　d. 比较符合　　e. 非常符合

5. 在学习过程中，我会劳逸结合。

  a. 很不符合   b. 不太符合   c. 一般

  d. 比较符合   e. 非常符合

6. 在学习中，我能根据自己的学习现状及时调整学习态度、进度、计划、方法等。

  a. 很不符合   b. 不太符合   c. 一般

  d. 比较符合   e. 非常符合

7. 对于计划好的学习任务，即使有喜欢的娱乐节目或好玩的事，我也会坚持把它完成。

  a. 很不符合   b. 不太符合   c. 一般

  d. 比较符合   e. 非常符合

8. 在学习遇到困难时，我总能保持心平气和。

  a. 很不符合   b. 不太符合   c. 一般

  d. 比较符合   e. 非常符合

9. 不论是学习进步还是退步，我都会反思，并从中吸取教训，收获经验。

  a. 很不符合   b. 不太符合   c. 一般

  d. 比较符合   e. 非常符合

10. 当在学习中出现不良情绪时，我能及时调节自己，让自己尽快以好的状态来学习。

  a. 很不符合   b. 不太符合   c. 一般

  d. 比较符合   e. 非常符合

11. 我能根据自己的学习目标确定所需的信息。

  a. 很不符合   b. 不太符合   c. 一般

  d. 比较符合   e. 非常符合

12. 我总是能很快速地获取所需的信息。

  a. 很不符合   b. 不太符合   c. 一般

  d. 比较符合   e. 非常符合

13. 我知道如何评价自己所获取的信息是否有效。

    a. 很不符合   b. 不太符合   c. 一般

    d. 比较符合   e. 非常符合

14. 我能对信息进行正确的分析，并用来解决学习、生活中的问题。

    a. 很不符合   b. 不太符合   c. 一般

    d. 比较符合   e. 非常符合

15. 我能够及时评价、反思信息在学习生活中应用的效果。

    a. 很不符合   b. 不太符合   c. 一般

    d. 比较符合   e. 非常符合

16. 我能对获取的信息进行准确清晰的描述，并比较不同信息的差异。

    a. 很不符合   b. 不太符合   c. 一般

    d. 比较符合   e. 非常符合

17. 面临学习或工作任务时，我能清晰辨别任务中要解决的关键问题。

    a. 很不符合   b. 不太符合   c. 一般

    d. 比较符合   e. 非常符合

18. 我能够条理清晰地分析问题并发现其本质。

    a. 很不符合   b. 不太符合   c. 一般

    d. 比较符合   e. 非常符合

19. 我能够执行问题的解决方案，完成相应的学习或工作任务。

    a. 很不符合   b. 不太符合   c. 一般

    d. 比较符合   e. 非常符合

20. 我能够对自己解决问题的效果与效率进行客观的评价与反思。

    a. 很不符合   b. 不太符合   c. 一般

    d. 比较符合   e. 非常符合

21. 在执行问题的解决方案时，我能够根据具体情况适当改进方案。

    a. 很不符合   b. 不太符合   c. 一般

    d. 比较符合   e. 非常符合

22. 我能够分析各种问题解决方案的优劣并选择最佳方案。

  a. 很不符合 b. 不太符合 c. 一般

  d. 比较符合 e. 非常符合

23. 当我对事情充满好奇时，我会试图了解为什么。

  a. 很不符合 b. 不太符合 c. 一般

  d. 比较符合 e. 非常符合

24. 我喜欢问别人没有想到的问题。

  a. 很不符合 b. 不太符合 c. 一般

  d. 比较符合 e. 非常符合

25. 面临学习或工作问题时，我总能用最简捷的方法解决问题。

  a. 很不符合 b. 不太符合 c. 一般

  d. 比较符合 e. 非常符合

26. 我喜欢讨论式学习，这样可以让我的思维发散。

  a. 很不符合 b. 不太符合 c. 一般

  d. 比较符合 e. 非常符合

27. 我喜欢开放式的教育环境。

  a. 很不符合 b. 不太符合 c. 一般

  d. 比较符合 e. 非常符合

28. 我会力求从不同的角度看待问题或事物。

  a. 很不符合 b. 不太符合 c. 一般

  d. 比较符合 e. 非常符合

29. 在解决问题、探索和决策时，我会考虑可能出现的多种情况，并有理有据地进行判断。

  a. 很不符合 b. 不太符合 c. 一般

  d. 比较符合 e. 非常符合

30. 对于别人的意见我从不盲从，总喜欢分析、鉴别并能在此基础上提出自己的看法。

  a. 很不符合 b. 不太符合 c. 一般

  d. 比较符合 e. 非常符合

三、开放题

1. 开放题：你认为形成终身学习型社会，学校教育是否需要改革？要怎么改革？

_____
_____
_____

2. 你还有哪些想和老师说的话，还有哪些建议？

_____
_____

测试结果说明：

选项 a = 1 分；选项 b = 2 分；选项 c = 3 分；选项 d = 4 分；选项 e = 5 分。

按照各个选项的个数计算出最后得分，如果得分 < 60 分，说明你的终身学习能力目前比较弱，有待认真对待和提高；

如果 60 ≤ 得分 < 100 分，说明你的终身学习能力目前一般，有待进一步提升和发展；

如果 100 ≤ 得分 ≤ 150 分，说明你的终身学习能力目前非常棒，可继续保持。

七、亚健康状态

20 世纪 80 年代末，国际医学界提出一个医学新概念——亚健康状态。学者们将人体最佳健康状态称为第一状态；由于各种因素引起疾病，同时表现出一系列临床症状的疾病状态，称为第二状态；既非健康状态，也非疾病状态，处于健康与疾病之间的中间状态，称为第三状态，即亚健康状态。也有学者称第三状态为"慢性疲劳综合征""灰色状态""潜病状态"。

1. 什么是亚健康状态

亚健康状态是指临床中尚未发现器质性改变，但主诉症状多种多样，主观上感到身体有许多不适。临床观察表明，亚健康状态是动态的、可逆转的，通过自身调解和客观干预，完全可以转向健康，反之，可能向疾病转化。

2. 亚健康状态的"四多"与"四低"现象

四多：疲劳症状多，器官功能紊乱多，高负荷（精神负担、体力透支）多，体重高得多。

四低：免疫功能低，工作效率低，适应（环境、社会、角色）能力低，承受能力低。

3. 亚健康状态的自测方法

怎样才能准确判断自己是否已步入亚健康状态呢？下面介绍一个简单的自测方法。同学们对照下面的项目，每个项目后面都有评分，将自身所对应的项目分相加，根据得出的总和便可判断出你的亚健康状态。

1）早上起床时，有持续的头发丝掉落。（5分）

2）经常感到抑郁，会对着窗外发呆。（3分）

3）昨天想好某件事，今天就再也想不起来，而且经常发生这种情况。（10分）

4）害怕走进办公室/教室，觉得工作/学习很烦。（5分）

5）不想面对同事和上司/同学，有自闭的渴望。（5分）

6）工作/学习效率低下，上司/老师已表达对你的不满。（5分）

7）工作/学习一小时后，就感到身体倦怠，胸闷气短。（10分）

8）工作/学习情绪始终无法高涨。（5分）

9）一日三餐，食欲不佳。（5分）

10）盼望早早结束工作/学习，想回家/宿舍休息。（5分）

11）对城市的污染、噪声非常敏感，渴望到宁静的环境休养。（5分）

12）不再像以前一样热衷于朋友的聚会，有种勉强应酬的感觉。（2分）

13）常常失眠，即使睡着也处于做梦状态，睡眠状态糟糕。（10分）

14）体重明显下降，有时早上起床，发现眼眶深陷，下巴突出。（5

分）

15）免疫力下降，换季总会感冒。（5分）

16）性能力下降。（10分）

4. 结果分析

总分低于30分：健康。恭喜你，要继续保持。

总分超过50分：健康已经向你敲响警钟，你需要静下来，好好反思你的生活状态，但也不必过于担心。

总分超过80分：健康状态不佳，建议赶紧去找医生，调整自己的心理和身体状态，或是申请休假，好好休息一段时间。

5. 七个缓解压力的简单技巧

1）冥想。每天几分钟的冥想可以帮助缓解焦虑。研究表明，冥想可以改变大脑的神经通路。冥想的做法很简单，身体坐直，双脚放在地板上。闭上你的眼睛集中注意力念出来或心中默念："我觉得很平和"或"我爱我自己"。同时，一只手放在你的腹部，感受其随呼吸起伏，让杂念如过眼云烟随风飘去。

2）深呼吸。工作忙时也可以利用几分钟的休息时间，专注于你的呼吸。身体坐直、双眼紧闭。通过你的鼻子慢慢吸气，感觉呼吸从你的腹部慢慢过渡到头部。深呼吸有降低血压的作用。

3）专注于你的感觉。花几分钟，重点感受一个行为，当你走路时可以仔细感受脚击中地面的那一瞬间，以及微风轻轻吹拂在脸上的感觉。吃饭时享受每一口食物的质地和口感。当你花时间在那一刻，专注于你的感觉，你会感到放松。

4）笑出声来。笑可以降低皮质醇和身体的应激激素，并增强大脑化学物质内啡肽，这有助于给你营造愉快情绪。通过观看喜剧或阅读漫画，与别人聊天、分享喜悦等，大声笑出来会让你觉得非常轻松，充满活力。

5）听舒缓音乐。研究表明，听着舒缓的音乐可以降低血压、缓解焦虑。可创建一个自然声音（海水拍岸、溪水叮咚、鸟儿鸣叫等）的歌曲播放列表，让你的头脑集中于不同的旋律。还可以边听音乐边随着音乐摇摆起来，抛开一切忧愁杂念。

6）动起来。此处的动起来不需要剧烈运动，所有形式的日常活动，如瑜伽、慢跑和行走等，都可以帮助大脑释放自我感觉良好的化学物质，并帮助你的身体处理压力，缓解抑郁和焦虑。上班的路上快速步行，回家时上下楼梯、耸耸肩膀等都是动起来的好方法。

7）保持感恩的心。保持一颗感恩的心，养成记日记的好习惯，可帮助你记住生活中一切美好的东西。感恩可以帮助你抵消掉消极的想法。当你开始感到压力时，花几分钟翻翻日记，提醒自己什么才是真正重要的东西。细细回味像孩子一样的纯真笑容、阳光灿烂的午后、成功时大家一起庆祝的场景等。

参 考 文 献

［1］［美］芭芭拉·奥克利．学习之道［M］．教育无边界字幕组，译．北京：机械工业出版社，2016.

［2］［美］乌尔里希·伯泽尔．有效学习［M］．张海龙，译．北京：中信出版社，2018

［3］［美］彼得·C. 布朗，亨利·L. 罗迪格三世，马克·A. 麦克丹尼尔．认知天性：让学习轻而易举的心理学规律［M］．刘峰，译．北京：中信出版社，2018.

［4］白仕刚．高效学习之道［M］．北京：中国友谊出版公司，2017.

［5］王中华．大学生学习方法与指导［M］．北京：中国财富出版社，2017.

［6］周文敏．做爱学会学之人［M］．北京：北京工业大学出版社，2014.

［7］［美］格洛里亚·芬瑞德．学会学习［M］．明月，译．北京：电子工业出版社，2016.

［8］［日］斋藤孝．学会学习［M］．张炜诺，译．南昌：江西人民出版社，2019.

［9］联合国教科文组织国际教育发展委员会．学会生存：教育世界的今天和明天［M］．华东师范大学比较教育研究所，译．北京：教育科学出版社，1996.

［10］李新旺．生理心理学［M］．北京：科学出版社，2008.

［11］刘颖，苏巧玲．医学心理学［M］．北京：中国华侨出版社，1997.

［12］简·博克，莱诺拉·袁．拖延心理学［M］．蒋永强，陆正芳，译．北京：中国人民大学出版社，2009.

［13］［加］蒂莫西·A.皮切尔，保罗·曼森．战胜拖延症［M］．金波，译．武汉：湖北教育出版社，2014.

［14］李世强．别让拖延症毁掉你［M］．成都：四川文艺出版社，2017.

［15］孙科炎，程丽平．拖延的代价［M］．北京：清华大学出版社，2012.

［16］黄征宇．终身学习——哈佛毕业后的六堂课［M］．北京：中国大百科全书出版社，2018.

［17］斯科特·扬．在办公室外思考：活用另外8小时，做自由空间里的高产者［M］．范千千，译．北京：机械工业出版社，2016.

［18］杨治良．漫谈人类记忆的研究［J］．心理科学，2011（1）.

［19］孙同舟，周怀伟．人类记忆与海马［J］．中外健康文摘，2010，07（22）.

［20］余刚．揭开人类记忆之谜［J］．科学之友，2011（5）.

［21］赵中源．对记忆信息输入规律的探索［J］．绥化学院学报，2004（1）.

［22］曹京波，张彤，马越涛，等．大脑半球的分工与协同［J］．中国临床康复，2006（38）.